Elke Renner, Florian Jilek-Bergmaier

Engagement für Frieden
Gegen Krieg, Elend und Ausbeutung

gewidmet Karl-Heinz Walter

Schulheft 173/2019

StudienVerlag

IMPRESSUM
schulheft, 44. Jahrgang 2019

© 2019 by StudienVerlag Innsbruck

ISBN 978-3-7065-5986-7

Layout: Sachartschenko & Spreitzer OG, Wien

Umschlaggestaltung: Josef Seiter

HerausgeberInnen: Verein der Förderer der Schulhefte, Rosensteingasse 69/6, A-1170 Wien
Grete Anzengruber, Eveline Christof, Ingolf Erler, Barbara Falkinger, Florian Jilek-Bergmaier, Peter Malina, Elke Renner, Erich Ribolits, Michael Rittberger, Josef Seiter, Michael Sertl

Redaktionsadresse: schulheft, Rosensteingasse 69/6, A-1170 Wien;
E-Mail: kontakt@schulheft.at
Internet: www.schulheft.at

Redaktion dieser Ausgabe: Elke Renner, Florian Jilek-Bergmaier

Verlag: Studienverlag, Erlerstraße 10, A-6020 Innsbruck; Tel.: 0043/512/395045, Fax: 0043/512/395045-15; E-Mail: order@studienverlag.at;
Internet: www.studienverlag.at

Bezugsbedingungen: schulheft erscheint viermal jährlich.
Jahresabonnement: € 39,00
Einzelheft: € 17,50
(Preise inkl. MwSt., zuzügl. Versand)
Die Bezugspreise unterliegen der Preisbindung. Abonnement-Abbestellungen müssen spätestens 3 Monate vor Ende des Kalenderjahres schriftlich erfolgen.

Aboservice:
Tel.: +43 (0)512 395045, Fax: +43 (0)512 395045-15
E-Mail: aboservice@studienverlag.at

Geschäftliche Zuschriften – Abonnement-Bestellungen, Anzeigenaufträge usw. – senden Sie bitte an den Verlag. Redaktionelle Zuschriften – Artikel, Presseaussendungen, Bücherbesprechungen – senden Sie bitte an die Redaktionsadresse.

Die mit dem Verfassernamen gekennzeichneten Beiträge geben nicht in jedem Fall die Meinung der Redaktion oder der Herausgeber wieder. Die Verfasser sind verantwortlich für die Richtigkeit der in ihren Beiträgen mitgeteilten Tatbestände. Für unverlangt eingesandte Manuskripte übernehmen Redaktion und Verlag keine Haftung. Die Zeitschrift und alle in ihr enthaltenen einzelnen Beiträge sind urheberrechtlich geschützt. Jede Verwertung außerhalb der engen Grenzen des Urheberrechtsgesetzes ist ohne Zustimmung des Verlages unzulässig. Das gilt insbesondere für Vervielfältigung, Übersetzungen, Mikroverfilmungen und die Einspeicherung und Verarbeitung in elektronischen Systemen.

Offenlegung: laut § 25 Mediengesetz:
Unternehmensgegenstand ist die Herausgabe des schulheft. Der Verein der Förderer der Schulhefte ist zu 100 % Eigentümer des schulheft.

Vorstandsmitglieder des Vereins der Förderer der Schulhefte:
Eveline Christof, Barbara Falkinger, Florian Jilek-Bergmaier, Elke Renner, Michael Rittberger, Michael Sertl.

Grundlegende Richtung: Kritische Auseinandersetzung mit bildungs- und gesellschaftspolitischen Themenstellungen.

Abschied von Karl-Heinz Walter

Fast vier Jahrzehnte lang hat Heinz für das schulheft auf vielfältige Weise gearbeitet. In seiner stillen Art hat er geordnet, verwahrt, den Versand gemacht, das Büro zur Verfügung gestellt und gepflegt, Autor*innen untergebracht und bewirtet. So viele Jahre hat er Büchertische betreut, schulhefte in Koffern zu Seminaren geschleppt, den Einzelversand gemanagt usw.

Er war es, der die Kontakte zu den deutschen Friedenspädagog*innen gehalten und zu Freundschaften gewandelt hat, bei relevanten Tagungen und im privaten Beisammensein. 20 Jahre lang war er österreichischer „Friedenslehrer", hat die jeweils neuen Friedenspublikationen gelesen und sein Wissen in ständigen Gesprächen mit Elke in die Redaktionsarbeit und Artikel der politischen schulheft-Nummern einfließen lassen. Das geschah von manchen unbemerkt. Sein politisches Denken hat er im solidarischen Handeln gelebt.

In der letzten Zeit, als allgemein die Solidarität immer mehr hierarchischen Vorstellungen und Einzelinteressen wich, sah er auch manche Entwicklungen im schulheft kritisch.

Jetzt ist er in seiner tapferen Art von uns gegangen. Vielleicht hilft die Erinnerung an ihn, sich zu besinnen, dass auch linke Gruppen nicht vor Konkurrenz und Vereinzelung gefeit sind.

Danke, Heinz.

INHALT

Abschied von Karl-Heinz Walter 3

Vorwort 7

Armin Bernhard
Das System gesellschaftlicher Friedlosigkeit 11
Ausgangspunkt und Gegenstand einer pädagogischen Friedensarbeit

Eva Borst
**Zarte Kinder. Ein Essay über die
Einsamkeit des Teflonmenschen** 27

Conrad Schuhler
**Krieg, Armut, Umweltkatastrophe –
der globale Kapitalismus** 39
Die Ursachen der Flucht und des Terrors – die Verantwortung des „Westens"

Christoph Butterwegge
Die soziale Entwicklung und der Aufschwung des Rechtspopulismus .. 54

Franz Sölkner
Rüstungsatlas Österreich 67
Raus aus einem schmutzigen Geschäft!

Manfred Sauer
Atomwaffen ächten und verbieten 82
Nukleare Rüstung: ein Verbrechen an der Menschheit

Cilja Harders, Sarah Clasen
Feministische Friedenskonzepte 92

Ein Interview mit Winfried Wolf
„Das Engagement für Frieden und gegen Krieg ist so wichtig wie selten zuvor!"...................108
Jahrzehntelange Antikriegsarbeit – eine Zwischenbilanz.

Buchbesprechungen:

Erika Wittlinger-Strutynski, Franz Ritter (Hrsg.)
Die Welt verändern, ... nicht nur interpretieren...................123
Gesammelte Aufsätze
Jenior Verlag Kassel 2017, 340 Seiten

Thomas Roithner
Sicherheit, Supermacht und Schießgewähr...................125
Krieg und Frieden am Globus, in Europa und Österreich.
148 Seiten, Wien 2018
Märkte, Macht und Muskeln...................126
Die Außen-, Sicherheits- und Friedenspolitik Österreichs und der Europäischen Union. 132 Seiten, Wien 2017
Schöne Götterfunken?...................127
Sicherheitsinteressen, aktive Friedenspolitik, die internationale Unordnung und die militärische Entwicklung der EU. 148 Seiten, Wien 2015

Horst Adam (Hrsg.)
Kritische Pädagogik...................128
Fragen – Versuch von Antworten
Band 4. Rosa-Luxemburg-Stiftung, Berlin 2018

AutorInnen...................131

Vorwort

Seit dem Bestehen der schulhefte war Politische Bildung und Friedenserziehung ein immer wiederkehrendes notwendiges Thema.

Eine zusammenfassende Rückschau auf die „Friedensnummern" in der schulheft-Reihe von den frühen 80er Jahren bis 2015 findet man unter dem Titel „schulheft für den Frieden – was sonst?" im schulheft 158 „Linke Positionen, gibt's die noch?" (Seite 28–34). Leider hat sich an der Thematik seither nichts im positiven Sinn verändert, im Gegenteil – die Situation hat sich weltweit verschlechtert. Es ist notwendiger denn je, sich in der Friedensarbeit zu engagieren. Die Beiträge in dieser Nummer sollen auf verschiedenen Ebenen Informationen und Anregungen liefern.

Mit *Armin Bernhard* und *Eva Borst* ist im vorliegenden schulheft die Kritische Pädagogik zu dieser Thematik vertreten. *Armin Bernhard* sieht im System der gesellschaftlichen Friedlosigkeit Ausgangspunkt und Gegenstand der pädagogischen Friedensarbeit, denn die pädagogische Bekämpfung der gesellschaftlichen Strukturen des Unfriedens, der Widerstand gegen den organisierten Unfrieden, sind Hauptaufgaben der Friedenspädagogik. Dazu bedarf es einer unversöhnlichen Haltung gegen sämtliche Formen von Friedlosigkeit. Kritische Friedenspädagogik muss die geistige Widerstandsfähigkeit gegenüber gesellschaftlichen Manipulationsversuchen im Allgemeinen grundständig aufbauen. Die geistige Loslösung von den Legitimationsfiguren des organisierten Unfriedens ist zugleich ein Akt der Bewährung von Mündigkeit und somit ein genereller Auftrag von Pädagogik. Kritische Selbstreflexion zu entwickeln deckt die geheime Komplizenschaft mit dem System gesellschaftlicher Friedlosigkeit auf. Armin Bernhard nennt die Weltordnung, angelehnt an den Schweizer Soziologen Ziegler, eine kannibalische und liefert dafür wesentliche Beispiele aus allen Bereichen des Unfriedens. Kritische Pädagogik benötigt, so Bernhard, eine Didaktik zur Aufschlüsselung des kapitalistischen Gesellschaftsmodells im Hinblick auf seine friedlosen Strukturen.

Dieses schulheft greift wesentliche Fragen und Antworten aus Bernhards Ausführungen in den weiteren Beiträgen wieder auf.

Ebenfalls auf Basis Kritischer Pädagogik schreibt *Eva Borst* amüsant, aber durchaus sehr ernst gemeint, unter dem Titel „Zarte Kinder. Ein Essay über die Einsamkeit des ‚Teflonmenschen'": Die psychische Konstitution des „Teflonmenschen" lässt ihn in der Kälte der kapitalistischen Welt möglichst ohne Mitgefühl und Solidarität überleben. Dieser Mensch verfestigt eine autoritäre Gesellschaft, er ist das Ergebnis einer Sozialisation in eine von Friedlosigkeit gekennzeichnete Gesellschaft. Eva Borst vermittelt Einsichten in die menschenverachtende Zurichtung des Menschen im kapitalistischen System und zeigt demgegenüber die Möglichkeit zur Humanität auf, zu Autorität und Freiheit, sie erschließt, basierend auf z.B. Adorno, Arendt, Gruen u.v.m, die Entwicklung von Empathie und der Möglichkeit, gegen erzwungenen Konformismus aufzubegehren, Gehorsam zu verweigern und sich gegen jegliche Form der Inhumanität zu stellen. Dazu müssen Kinder in ihrer frühkindlichen Erziehung Nähe erleben dürfen. Die Frage danach, wie Kinder ihre Zartheit erhalten können, ist zwar pädagogisch motiviert, aber grundsätzlich politisch zu beantworten. Eva Borst schließt den Essay mit einem berührenden Beispiel, es sei an dieser Stelle nicht vorweggenommen.

Die folgenden Beiträge helfen, die politisch bildenden Einsichten in die Friedensthematik zu vertiefen. *Conrad Schuhler* stellt uns eine Collage aus gekürzten Schwerpunkten der isw-Nummern zu Flucht und Terror zusammen, „Krieg, Armut, Umweltkatastrophe – der globale Kapitalismus: Die Ursachen der Flucht und des Terrors – die Verantwortung des ‚Westens'". Er deckt stringent auf, was in der politischen Argumentation großer Medien verborgen bleibt oder deren Lügen zum Opfer fällt und in den herrschenden Bildungsinstitutionen als Information angeboten wird.

Christoph Butterwegge stellt uns zum Thema „Die soziale Entwicklung und der Aufschwung des Rechtspopulismus" einen kurzen Auszug aus seinen vielen und umfangreichen Forschungsergebnissen und Publikationen der letzten Jahre zur Verfügung und das noch, bevor die österreichischen Prognosen dies überboten. Unser schlüssiges Rezept gegen diese Entwicklung wäre: täglich Butterwegge ins Hauptprogramm.

Franz Sölkner stellt uns das geplante Projekt „Rüstungsatlas Österreich" vor. Man erfährt etwas über die Geschichte der österreichischen Rüstungsindustrie, über Entwicklungen von Waffengattungen und Rüstungsexporten. Das Atlas-Projekt bedeutet einen großen Arbeitsaufwand in komplizierter Zusammenarbeit friedensengagierter Gruppen. Methodische Probleme, schwierige Recherchezugänge, Geheimhaltungsinteressen und Verschwiegenheiten müssen dabei gemeistert werden. Der Atlas soll Wissen erschließen und weitergeben, das Friedensengagierten gezieltes Agieren, Lernen und Lehren ermöglichen kann.

Manfred Sauers Beitrag „Atomwaffen ächten und verbieten" behandelt wichtige Stationen in der Entwicklung und Verbreitung von Atomwaffen und beleuchtet die jahrzehntelangen Bemühungen um Rüstungsbegrenzung bzw. vollständige Abschaffung der Atomwaffen. Wenn man meint, das sei doch alles sattsam bekannt, dann lässt man die gegebene Teilnahmslosigkeit und das fehlende Bewusstsein der Menschen über die massive Bedrohung außer Acht.

Die beiden Wissenschafterinnen *Cilja Harders* und *Sarah Clasen* vertreten ein mehrdimensionales Verständnis von sozialem Geschlecht als Institution, als Set von Normen und Werten, als Teil des Schichtungssystems und der Arbeitsteilung. Aus feministischer Sicht sind zwei Aspekte bei der Untersuchung von Friedensmöglichkeit zentral, ungleiche Gesellschaftsstrukturen und Gesellschaftskonzeptionen, die Männern und Frauen fundamental unterschiedliches Gewaltverhalten zuschreiben. Weiters geht es um die Ursachen von Gewalt und welche Rolle das Geschlecht dabei spielt, um feministische Friedensentwürfe und um das ganz konkrete Instrument zur Erfassung der geschlechtssensiblen Friedensfähigkeit von Gesellschaften.

Winfried Wolf beschreibt und erklärt im Interview „Das Engagement für Frieden und gegen Krieg ist so wichtig wie selten zuvor" seine jahrzehntelange Antikriegsarbeit. Ausgehend von der Reflexion der gegenwärtig gefährlichen weltpolitischen Situation, geht er auf die Frage nach seiner Politisierung und seinem Friedensengagement ein. Parallel zur Analyse der jeweiligen zeitgeschichtlichen Vorkommnisse und seiner familiären Bedingtheit entwickelt er seine Positionierung, Schlüsselerlebnisse, Erfahrungen, Erkenntnisse, Veränderungen, sein Handeln. Die Verantwortung als Wissenschafter, Journalist, politischer Vertreter und Aktivist für den Frieden und gegen den Krieg bestimmte sein bisheriges Leben. Bindungen an politische Institutionen, selbst an links orientierte Gruppen wurden ihm mehr und mehr zum Hemmschuh. Die Qualität und Quantität seiner Publikationen, seine gelebte Solidarität, eben sein gesamtes Engagement, können als wegweisend für Lehrende und Lernende angenommen werden.

Ergänzend stellen wir Empfehlungen von Friedensliteratur und -institutionen vor.

In den Beiträgen werden unterschiedliche Gender-Schreibweisen verwendet. Die Redaktion hat dies den AutorInnen freigestellt.

Armin Bernhard

Das System gesellschaftlicher Friedlosigkeit
Ausgangspunkt und Gegenstand einer pädagogischen Friedensarbeit[1]

Beginnen möchte ich mit einem Zitat, das eine einfache, zugleich aber für die Friedenspädagogik grundlegende Aussage enthält: „Es gibt wichtigere Dinge, als im Frieden zu sein." Ausgesprochen wurde dieser Satz der Pax Americana von dem ehemaligen US-Verteidigungsminister Alexander Haig. Haigs Feststellung enthält den einfachen Kern nicht nur der US-amerikanischen Philosophie des Unfriedens. In ihr dokumentiert sich die strukturelle Friedensunfähigkeit von Gesellschaften, für die sich die geografisch nicht korrekte Bezeichnung „Westen" durchgesetzt hat. Die Schlüsselformulierung von Haig verweist zugleich auf ein notorisches Missverständnis der Friedenspädagogik. Sie ist nämlich überhaupt nicht zuständig für den Gegenstand, den sie im Titel trägt: Frieden. Die gegenwärtige geschichtliche Situation ist durch die Abwesenheit von Frieden charakterisiert. Frieden ist nicht existent. Dass es Friedenspädagogik gibt, hat seinen Grund gerade in der Abwesenheit von Frieden, genauer gesagt, in der strukturellen Verhinderung friedensgesellschaftlicher Strukturen. Da wir nicht in einer friedlichen Alternativzivilisation leben, können wir auch nicht *zum* Frieden erziehen. Der Gegenstand der Friedenspädagogik ist das Gegenteil von Frieden. Friedenspädagogik ist nicht zu verwechseln mit einer Erziehung von Kindern zur Friedensbereitschaft und zur Friedfertigkeit, auch nicht gleichzusetzen mit einer Erziehung zu einer Kultur des Friedens. Sie meint nicht Gewaltschlichterprogramme, Zivilcouragetraining, Anti-Bullying-Konzepte, auch keine zivilgesellschaftlichen Mediationsverfahren, die zur Befriedung gesellschaftlicher Auseinandersetzungen, zur Neutralisierung von Konfliktpotenzial

---

1 Überarbeiteter Text eines Vortrages an der PH Wien, bereits erschienen in: Pädagogikunterricht, Jg. 38, 2018, H. 1. Mit freundlicher Genehmigung des Autors.

inszeniert werden. Friedenspädagogik gesellschaftskritischer Provenienz ist keine gesellschaftliche Befriedungstechnologie.

Die Hauptaufgabe der Friedenspädagogik liegt in der nachhaltigen pädagogischen Bekämpfung der gesellschaftlichen Strukturen des Unfriedens, sie ist als *Pädagogik des Widerstands gegen organisierten Unfrieden* konzipiert. Die Bedingungen und Funktionsweisen gesellschaftlicher Friedlosigkeit können auf pädagogischem Wege selbstverständlich nicht außer Kraft gesetzt werden. Aber pädagogische Friedensarbeit verfügt über eine herausragende Möglichkeit: Sie kann die Voraussetzungen für die Zustimmung zu gesellschaftlicher Friedlosigkeit und zur Duldung von Drohpolitik und Kriegsvorbereitung zerstören, die Rechtfertigungsmuster von Krieg und Unfrieden neutralisieren.

Friedenspädagogik zielt auf die Friedensfähigkeit von Menschen – dies ist eine häufig in friedenspädagogischen Debatten anzutreffende, naive Aussage. Vielfältige Komponenten wurden herausgearbeitet, die diese Friedensfähigkeit konstituieren sollen: u.a. Wandlungsfähigkeit, Konfliktfähigkeit, Frustrationstoleranz, Streitfähigkeit, Solidarität, Toleranz, Kommunikationsbereitschaft etc. So lobenswert diese Versuche auch sind, sie kranken an einer Überbewertung ihrer konstruktiven Komponenten. Friedenspädagogik in diesem Sinne lässt das System gesellschaftlicher Friedlosigkeit nicht nur unangetastet, sondern verleiht ihm zusätzliche Legitimation. In einem System gesellschaftlicher Friedlosigkeit zur individuellen Friedensfähigkeit erziehen zu wollen käme einer pädagogischen Illusion gleich. Unduldsamen Verhältnissen kann jedoch mit abstrakter Toleranz wenig wirksam begegnet werden. Der lammfromme, gewaltlose Mensch wird die Gesetze des Unfriedens nicht außer Kraft setzen können. Strukturelle Friedlosigkeit kann mit individueller Friedfertigkeit nicht unterlaufen werden. Friedensfähigkeit im Kontext kritischer Friedenspädagogik bedarf daher einer kritisch-widerständigen Form. Damit stehen wir vor einer scheinbar paradoxen Forderung. Menschen müssen nämlich in die Lage versetzt werden, eine unfriedliche Haltung gegenüber friedlosen Verhältnissen zu entwickeln. Friedensfähigkeit in diesem Sinne meint eine unversöhnliche Haltung gegenüber sämtlichen Formen von Friedlosigkeit, heißt, sich geistig widerständig gegenüber sämtlichen Mustern der Rechtfertigung von Friedlosigkeit und Unfrieden zu behaupten. Die große Möglichkeit kritischer Friedenspädagogik liegt genau darin: die geistige Widerstandsfähigkeit gegenüber gesellschaftlichen Manipulationsversuchen im Allgemeinen grundständig aufzubauen.

Drei Begriffe sind in unserem Zusammenhang zu klären, die den Bezugsrahmen einer pädagogischen Friedensarbeit bilden: Friedlosigkeit, Unfrieden und Krieg. Friedlosigkeit gilt uns im Folgenden als Oberbegriff, in dem die beiden anderen enthalten sind. Friedlosigkeit ist ein gesellschaftsstrukturelles Problem, d. h. sie ist in den Grundstrukturen und Grundprinzipien unserer Gesellschaft eingebaut. Insofern können wir von einem *System* gesellschaftlicher Friedlosigkeit sprechen, so dass eine Friedenspädagogik nicht umhinkommt, die systembedingten Gewaltpotentiale einer Gesellschaft als ihren Hauptgegenstand zu bestimmen. Unfrieden bezeichnet den sozialpsychologischen Aspekt des Systems gesellschaftlicher Friedlosigkeit: Welche unfriedlichen Denk- und Handlungsweisen bauen sich zwischen Menschen, Menschengruppen, sozialen Klassen und verschiedenen Kulturen in einem System auf, das auf Friedlosigkeit beruht? Peter Brückner hat diese psychologische Dimension von Friedlosigkeit „institutionalisierte Feindseligkeit" genannt (Brückner 2004, S. 142), d. h. Unfrieden in den zwischenmenschlichen Beziehungsverhältnissen wird von der Art und Weise erzeugt, in der die Gesellschaft ihre Lebensbedingungen organisiert (z. B. in Tauschprozessen, Konkurrenzvorgängen, durch Wettbewerbsprinzipien, durch Inklusions- und Exklusionsprozesse). Für die Friedenspädagogik ist in diesem Zusammenhang die Einsicht richtungsweisend, dass diese zwischenmenschlichen Unfriedenspotentiale für die Aufrechterhaltung des Systems gesellschaftlicher Friedlosigkeit und für die Legitimation von Kriegen missbraucht werden können. Kriege schließlich werden verstanden als bewaffnete militärische Auseinandersetzungen zwischen gesellschaftlichen Kollektiven, ihre klassische Form ist die zwischenstaatliche militärische Konfrontation. Kriege sind kein Naturereignis, sie brechen nicht aus (wie es der Mythos der Herrschenden immer wieder erzählt), vielmehr werden sie von klar identifizierbaren Kräften entfesselt. Kriege sind eng mit den Produktions- und Reproduktionsprozessen von Gesellschaften verknüpft und müssen daher in ihrer gesellschaftlichen Bedingtheit friedenspädagogisch aufgeschlüsselt werden.

Pädagogik richtet sich an Kinder, Jugendliche und Erwachsene, konkrete Menschen, die im System gesellschaftlicher Friedlosigkeit sozialisiert wurden und die sich, wie wir alle, an seiner Aufrechterhaltung entweder passiv oder aktiv beteiligen. Das Ziel einer Pädagogik der Bekämpfung organisierten Unfriedens kann daher nur in der geistig-mentalen Loslösung der Menschen von den Rechtfertigungsmustern gesellschaftlicher Unfriedensverhältnisse bestehen. Ein geistiger Bruch mit vorherrschenden Ideologien, Vorurteilen, Feindbildern ist erforderlich, um die Menschen von diesen Rechtfertigungsmustern unabhängig zu machen. Die geistige Loslösung von diesen Legitimationsfiguren ist zugleich ein Akt der Bewährung von Mündigkeit, deren Aufbau und Aufrechterhaltung genereller Auftrag von Pädagogik ist.

Den Kern kritisch-widerständiger Friedensfähigkeit bilden der Aufbau und die Entwicklung einer inneren geistigen Landkarte des Systems gesellschaftlicher Friedlosigkeit: einer Landkarte von seinen Ursachen und Strukturen, von seinen Zusammenhängen und Interdependenzen, von seinen Urhebern und Profiteuren. Friedenspädagogik stellt einen intellektuellen Kompass zur Lokalisierung der ursächlichen Bedingungen von Unfrieden zur Verfügung. Sie hat die gesellschaftlichen und politischen Strukturen von Friedlosigkeit aufzudecken, und sie muss die Organisationen des militärisch-industriellen Komplexes – der österreichische Schriftsteller Franz Werfel hat sie treffend als „Erzeugungszentralen des Todes" charakterisiert – identifizieren. [Die deutschen Rüstungsexporte haben sich 2015 gegenüber dem Vorjahr verdoppelt: Sie betrugen 6,35 Milliarden im 1. Halbjahr; die Militärausgaben betragen 35,5 Milliarden, Frau Merkel möchte sie in den nächsten Jahren verdoppeln!] Um den Satz von Haig noch einmal zu wiederholen „Es gibt wichtigere Dinge, als im Frieden zu sein" – diese wichtigeren Dinge gilt es aufzudecken. Dazu bedarf es des systematischen Aufbaus von Grundstrukturen des Denkens: Menschen müssen in die Lage versetzt werden, in gesamtökonomischen, geostrategischen und geopolitischen Zusammenhängen zu denken. Erst hierdurch werden Menschen dazu befähigt, die ihnen medial präsentierten Informationsfetzen zu einer inneren Landkarte von systembedingter Friedlosigkeit zusammenzufügen.

Da wir selbst im System gesellschaftlicher Friedlosigkeit sozialisiert wurden, erfordert Friedensfähigkeit die Fähigkeit zu kritischer

Selbstreflexion. Denn wir alle sind verstrickt in systembedingte Friedlosigkeit. Friedenspädagogik muss nicht nur dazu befähigen, die Blutspur zu erkennen, die das System gesellschaftlicher Friedlosigkeit hinter sich herzieht. Sie muss auch unsere eigene Mitverantwortung für diese Blutspur wahrnehmbar machen. Auch wenn sich in den reichen Ländern des sog. Westens Armut und Elend unter den Bedingungen eines neoliberal entfesselnden Kapitalismus immer weiter ausbreiten – wir sind als Mitglieder dieses Gesellschaftsmodells dennoch an der Aufrechterhaltung des Systems gesellschaftlicher Friedlosigkeit maßgeblich beteiligt: mit unserer Lebensweise, mit den uns von der Konsumgüterindustrie eingeflüsterten Bedürfnissen und materiellen Ansprüchen, durch unsere Kumpanei mit den Herrschenden. Die Welt ist als universeller Schlachthof für die Profitraten der Konzerne und unsere dekadenten Konsumgewohnheiten eingerichtet. Friedenspädagogik muss mit dem Blutzoll dieser Lebensweise konfrontieren. Kritisch-widerständige Friedensfähigkeit heißt, unsere geheime Komplizenschaft mit dem System gesellschaftlicher Friedlosigkeit aufzudecken und, als Konsequenz dieser Einsicht, aufzukündigen. Kritisch-widerständige Friedensfähigkeit beruht also nicht nur auf einem entfalteten politischen Bewusstsein, sondern auch auf einem hohen Maß an Selbstreflexion: Die Wahrnehmung der eigenen Eingebundenheit in systembedingte Friedlosigkeit ist die Grundbedingung der Loslösung von den Mustern der Rechtfertigung von Friedlosigkeit und Gewalt. Kritisch-widerständige Friedensfähigkeit meint eine Lebenshaltung, die sich von den verschiedenen Formen der Friedlosigkeit nicht einschüchtern oder korrumpieren lässt.

Ausgangspunkt kritischer Friedenspädagogik kann nur die Kritik der eigenen Sozialordnung sein. Friedenspädagogik ist rückgebunden an sozialwissenschaftliche Analysen, die die Realität der eigenen Gesellschaft betreffen. Nur auf dieser Basis sind verlässliche Einschätzungen ihrer Ziele und Prinzipien möglich. Es gibt aber noch einen weiteren, wesentlichen Grund für diese Eingrenzung: Die Kritik an anders verfassten Gesellschaften nimmt allzu schnell die Form einer kollektiven Projektion an. Auf die „Anderen" werden in diesem Vorgang Motive und Eigenschaften übertragen, die doch eigentlich der eigenen Gesellschaft zugrunde liegen. So unterstellen „westliche" Medien Russland immer wieder diejenige aggressive Expansionspolitik, die doch eigentlich das eigene, westliche Kriegsbündnis kennzeichnet, das tief in den eurasischen Raum vorgestoßen ist. Wenn es also darum gehen soll, dass eine Gesellschaft ihre eigenen friedlosen Potenziale erkennen soll, muss Friedenspädagogik solchen Übertragungsphänomenen vorbeugen.

Ich habe eine etwas drastische Formulierung gewählt, um die Ausgangssituation einer pädagogischen Friedensarbeit zu skizzieren. Kannibalische Weltordnung – die Formulierung stammt von dem bekannten Schweizer Soziologen Ziegler. Mit kannibalisch charakterisiert Ziegler ein Wirtschaftsmodell, das den gesamten Erdball seinen ökonomischen Direktiven unterwirft, ihn sich einverleibt (vgl. Ziegler 2015). An dieser Stelle seien nur einige obszöne Formen dieser kannibalischen Weltordnung angeführt: Unverkäufliche Hühnerteile aus Europa werden zu Dumping-Preisen in Ghana verkauft und ruinieren dort die einheimische Hühnerzucht. / In Malawi werden auf riesigen Flächen Rosen für den europäischen Markt gezüchtet, wo früher Nahrungsmittel für die eigene Bevölkerung produziert wurden. / Tomaten aus EU-Überschussproduktion überschwemmen afrikanische Märkte (vgl. Kerth 2016). / Finanzspekulanten kaufen in den ärmsten Weltregionen (Äthiopien, Süd-Sudan) riesige Agrarflächen auf, um Nahrungsmittel zu exportieren – Land Grabbing nennt man diese neue Form des Imperialismus. / In Uganda wurden im Jahr 2001 um die 2000 Menschen aus ihren Dörfern vertrieben, um das Land „frei"zumachen für die *Kaweri Coffee Plantation*, eine Tochterfirma eines der weltweit führenden deutschen Rohkaffeedienstleisters *Neumann Kaffee Gruppe*. Am Horn von Afrika bekämpft die deutsche Bundeswehr somalische Piraten, die ihrem Beruf als Fischer nicht mehr nachgehen können, weil ihre Fischgründe von international agierenden Konzernen leergefischt wurden. Die Liste an Obszönitäten wirtschaftlichen Raubrittertums ließe sich beliebig weiterführen.

In den ärmsten Ländern ist der Hunger das hervorstechendste Symptom dieser ökonomischen Ordnung. Man hat ausgerechnet, dass die Weltlandwirtschaft von ihrer Produktivkraft her gesehen in der Lage wäre, die gesamte Weltbevölkerung zu ernähren. Dennoch ist der Hungertod noch immer die Haupttodesursache auf unserem Planeten. Alle fünf Sekunden stirbt ein Kind an Hunger. Vor 20 Jahren betrug der Abstand noch sieben Sekunden. Diese Differenz von zwei Sekunden lässt blitzartig die Zuspitzung gesellschaftlicher Widersprüche in den letzten zwei Jahrzehnten aufscheinen. Die Spekulation weltweit agierender Konzerne, Banken und Versicherungen auf Nahrungsmittel stellt dabei eine besonders perverse Form der gegenwärtigen Produktionsweise dar. Ich verwende die Formulierung kannibalische Weltordnung in einem erweiterten Sinn: Kannibalismus ist eine Form der Inkorporierung, der Einverleibung. In übertragenem Sinne werden Dinge wie Grund und Boden, fossile Energieträger und Naturkräfte, technische Apparate und menschliche Produktivkräfte dem Produktionsprozess einverleibt, um den größtmöglichen Gewinn zu erzielen. Dieser Kannibalismus wohnt dem Kapitalismus seit seiner Entstehung inne. Auch die innere Natur des Menschen ist diesem Prozess unterworfen. Sie wird kolonisiert. Wir erkennen diesen Vorgang der Einverleibung des Menschen schon an der Wortwahl: Der Mensch ist eine Ressource, ein Rohstoff, der möglichst effizient in verwertbares Arbeitsvermögen umgewandelt werden soll. Ungeniert werden Kinder als „nachwachsende" Ressourcen betrachtet, die der effizienten und effektiven Bearbeitung zugeführt werden müssen. Die kannibalische Weltordnung bezieht sich also nicht nur auf die äußere, sondern auch auf die innere Natur des Menschen.

Aufgaben einer kritischen Friedenspädagogik: Eine kritische Friedenspädagogik des skizzierten Zuschnitts hat mindestens drei grundlegende Aufgabenstellungen zu bewältigen, die wiederum systematisch miteinander zu verknüpfen sind (ausführlich: Bernhard 2017).

a. Gesellschaftsgeschichtliche Aufgabenstellungen: Kritik des Systems gesellschaftlicher Friedlosigkeit

Ziel der kritischen Friedenspädagogik ist es, die verschiedenen Formen der Friedlosigkeit zu erspüren und sie auf ihre ökonomischen, gesellschaftlichen, kulturellen und ideologischen Grundlagen hin zu untersuchen. Pädagogische Friedensarbeit darf sich nicht in den Symptomen von Friedlosigkeit verfangen, sondern muss sie in ihren ursächlichen Bedingungen analysieren. In diesen Aufgabenbereich fällt auch die radikale Entmystifizierung des Phänomens Krieg. Die Archäologie weist für prähistorische Gesellschaften zwar schon gewaltsame Auseinandersetzungen nach, aber erst viel später entsteht Krieg als eine *gesellschaftliche Institution*, die herrschaftsförmigen Klassengesellschaften eigen ist.

Im Zusammenhang dieser Aufgabenstellung können wir auf einen wertvollen Begriff zurückgreifen, den uns die kritische Friedensforschung zur Verfügung gestellt hat: *strukturelle Gewalt*. Diesen Begriff entwickelte Galtung auf der Basis seiner Gewalttypologie, die er als analytische Grundlage für die Erklärung von Gewalt- und Unfriedensstrukturen verwendete. Wie – so der Friedensforscher – die Pathologie konstitutiv ist für die Erforschung von Gesundheit, so sind die Friedensstudien dringend auf eine Gewalttypologie angewiesen, die zum Verständnis von Friedlosigkeit und Unfrieden beitragen können, welches für die Verwirklichung von Friedensstrukturen unabdingbar ist: „In short, violence studies, an indispensable part of peace studies, may be a horror cabinet; but like pathology they reflect a reality to be known and understood." (Galtung 1990, S. 293) Mit dem Begriff der strukturellen Gewalt, der in dieser Gewalttypologie[2] eine zentrale Bedeutung zukommt, wird offensichtlich, dass die freiheitlichen Gesellschaften, die sich dem Westen zurechnen, keinesfalls friedlich sind, wie sie es permanent von sich behaupten, sondern dass Gewalt und Unfrieden strukturell in ihren Sozialordnungen verankert ist. Gewalt liegt nach Galtung nicht nur vor, wenn es um direkte gewaltsame Auseinandersetzungen geht. Es gibt daneben eine weit verbreitete strukturelle Gewaltsamkeit, die oftmals nicht beachtet wird. Denn sie vollzieht sich geräuschlos, ist nicht beobachtbar, entzieht sich unserer unmittelbaren Wahrnehmung. Strukturelle Gewalt meint, dass Unfrieden mit der Gesellschaftsstruktur systematisch verknüpft ist, d.h. Unfrieden ist in das System eingebaut und wird von ihm beständig reproduziert (Galtung 1975). Gewalt liegt dann vor, wenn Menschen, Menschengruppen, soziale Klassen an der Realisierung ihrer Lebenschancen gehindert werden, obwohl diese Realisierung aufgrund des materiellen und technologischen Entwicklungsstands einer Gesellschaft problemlos möglich wäre. Wenn in einer der reichsten Volkswirtschaften Phänomene wie Obdachlosigkeit und Kinderarmut sich progressiv ausbreiten, liegt

---

2 Aus Platzgründen kann auf diese Gewalttypologie an dieser Stelle nicht näher eingegangen werden.

Gewalt vor. Wenn die Lebensspanne armer Menschen weit kürzer ist als die von Menschen privilegierter Schichten, liegt Gewalt vor, die im System der Gesellschaft begründet ist. Wenn alle fünf Sekunden ein Kind verhungert, obwohl die Weltlandwirtschaft mühelos 12 Milliarden Menschen ernähren könnte, liegt Gewalt vor, die aus der ungerechten Struktur der Weltökonomie hervorgeht.

Dass das kapitalistische Wirtschaftsmodell als mittlerweile (vorläufig) universelles ökonomisches System in der Friedenspädagogik einen Schlüsselgegenstand darstellen muss, liegt auf der Hand. Seine Tendenzen stehen in unüberwindbarem Gegensatz zur Idee einer Friedensgesellschaft: permanente Gewinnmaximierung, ständiger Veränderungsdruck hinsichtlich der Produktionsverhältnisse, unerbittliche Konkurrenz, unaufhörlicher Expansionsdrang. Ein auf Ausbeutung von menschlicher Arbeitskraft, auf permanenter Profitmaximierung, globaler Expansion und hemmungsloser Naturvernutzung beruhendes Wirtschaftssystem kann nicht friedensfähig sein. Kritische Friedenspädagogik benötigt eine Didaktik zur Aufschlüsselung des kapitalistischen Gesellschaftsmodells als eines Weltsystems im Hinblick auf seine friedlosen Strukturen.

b. Ideologiekritische Aufgabenstellungen – Kritik der Rechtfertigungsmuster gesellschaftlicher Friedlosigkeit

Um das System gesellschaftlicher Friedlosigkeit aufschlüsseln zu können, müssen Heranwachsende und Erwachsene sich in die Lage versetzen, die Muster zu kritisieren, mit deren Hilfe dieses System gerechtfertigt wird. Friedenspädagogik ist daher auf die zentrale Methode der Ideologiekritik angewiesen. Ideologiekritik ist eigens dazu entwickelt worden, gesellschaftliche Aussagen (z.B. Nachrichten, politische Statements, Kommuniques, wissenschaftliche Thesen) daraufhin zu überprüfen, ob und inwieweit sie einen Wahrheitsgehalt enthalten und/oder ob sich in ihnen gesellschaftliche Herrschaftsinteressen verbergen. Gerade politische Aussagen im Zusammenhang von Gewalt- und Unfriedensverhältnissen sind oftmals ideologischer Natur, d. h. sie trachten danach, das System gesellschaftlicher Friedlosigkeit zu rechtfertigen. Zugleich sollen die wahren Interessen verschleiert werden. Konkrete Herrschaftsinter-

essen sollen so verkleidet werden, dass sie als allgemeingesellschaftliches Interesse, als Interesse des Gemeinwohls erscheinen wie z. B. bei folgender Aussage: „Die Sicherheit Deutschlands wird auch am Hindukusch verteidigt." Ideologien sind also Behauptungen, die der Logik eines besonderen Herrschaftsinteresses entspringen. Sie bieten keine Erklärungen und entbehren einer rationalen Begründung. Ideologien als Bestandteile einer persuasiven Kommunikation wollen das öffentliche Bewusstsein nicht überzeugen, sondern überwältigen und damit zumindest die passive Zustimmung der Bevölkerung erwirken. Bei manchen Aussagen ist es nicht schwer, ein Herrschaftsinteresse zu identifizieren, wie bei folgender: „Putin lässt Killerdelphine abrichten". Schon eher sind ideologiekritische Anstrengungen bei folgenden Aussagen erforderlich:
- *Der Pazifismus der 30er Jahre hat Auschwitz erst möglich gemacht.*
- *There is no alternative (Es gibt keine Alternative zur Markt- und Wettbewerbsorientierung)*
- *Der Kampf gegen den Terrorismus ist ein Kampf zur Verteidigung unserer westlichen Lebensweise./Die Terroristen wollen unsere freiheitliche Lebensweise zerstören.*

Es ist die Aufgabe der Friedenspädagogik, die gesellschaftlichen Hintergründe und Motive derartiger Aussagen aufzudecken, denn sie sollen unser Denken und Handeln dergestalt lenken, dass partikulare Interessen ohne größeren Einspruch und Widerstand durchgesetzt werden können.

Beispiele für ideologiekritische Fragestellungen:
- *Wem nützen diese Aussagen?*
- *Vor welchem gesellschaftlichen Hintergrund werden sie formuliert?*
- *Wo verzerren und verdrehen sie die Sicht auf die Wirklichkeit?*
- *Wo werden sie als Türöffner für Aufrüstung, Abschreckung und Krieg eingesetzt?*
- *Mit welchen Mitteln appellieren sie an meine Sinne, Affekte, an mein Unbewusstes, um mich einzufangen bzw. zu überwältigen? Denn Ideologien packen uns an unseren Gefühlen und steuern damit unser Bewusstsein.*

Friedenspädagogik muss in diesem Zusammenhang auch für ideologische Sprachwendungen des Emotional Marketings sensibilisieren. Wir werden mit beschönigenden, verharmlosenden, narkotisierenden Formeln, mit Wohlfühlwörtern berieselt, in der Absicht, die ihnen zugrundeliegenden wirklichen Interessen zu übertünchen und möglicherweise aufkeimendes Unbehagen vorbeugend zu befrieden. In militärischer Hinsicht sind das plakative Sprachmonster des Emotional Marketings wie: Krieg gegen den Terror, Stabilisierungseinsatz, humanitäre Intervention, Krieg gegen Menschenrechtsverletzungen, Responsibility to Protect. Ähnliche Sprachregelungen finden sich bei der Rechtfertigung innergesellschaftlicher Unfriedensverhältnisse und ihrer Verschärfung durch eine neoliberale Umgestaltung der Gesellschaft. Hier lauten die Phrasen: Verantwortung gegenüber zukünftigen Generationen, Kampf gegen die Wohlfahrtsdiktatur, Standortsicherung, Leistungsgerechtigkeit, Stärkung der individuellen Eigenverantwortung etc.. Mit Hilfe dieser Sprache werden Aufrechterhaltung und Verschärfung der strukturellen Gewaltverhältnisse innerhalb der Gesellschaft legitimiert und durchgesetzt. In den sprachlichen Kategorien verbirgt sich ein gigantischer Prozess der Verteilung des gesellschaftlichen Reichtums von unten nach oben. Friedenspädagogik zielt auf die Entschlüsselung dieser sprachlichen Verkleidung, indem sie die dahinter sich verbergenden Herrschaftsinteressen offenlegt. Sie gleicht einer „Schutzimpfung" (Adorno 1982, S. 27) gegenüber den Propagandatricks, die in den Ideologien gesellschaftlicher Friedlosigkeit enthalten sind. Eine kritische Friedenspädagogik hat diese Schutzimpfung durch eine entsprechende Bildungsarbeit zu organisieren.

c. Sozialpsychologische Aufgabenstellungen – das Beispiel Feindbilder

Friedenspädagogik kann niemals gelingen, wenn sie sich alleine auf die Aufklärung des Systems gesellschaftlicher Friedlosigkeit konzentriert. denn der Erkenntnis der Ursachen von Unfriedensverhältnissen steht nicht nur mangelnde Informiertheit entgegen. Kant weist schon darauf hin, dass nicht nur ein Mangel an Verstand für Unmündigkeit verantwortlich ist, sondern der fehlende Mut der Menschen, sich ihres Verstandes „ohne Leitung eines anderen" zu bedienen; allerdings fehlten Kant die tiefenpsychologischen Instrumente, um die Psychodynamik von Unmündigkeit analysieren zu können;

es sind psychische Widerstände, die in Sozialisationsprozessen erworben wurden, die den inhaltlichen Zugang zu diesem globalen Problemverwehren. Es sind sozialisierte, tief in der Mentalität der Menschen verwurzelte Mechanismen, die reinen Aufklärungsversuchen notorischen Widerstand entgegensetzen. Genau an diesen psychischen Mechanismen knüpfen die Rechtfertigungsmuster gesellschaftlicher Friedlosigkeit an. Sie appellieren an Gefühle des Unbehagens an den Verhältnissen und lenken deren aggressive Energien auf Objekte, die mit diesen Erfahrungen in keinem Zusammenhang stehen. Die Nutzung dieses Mechanismus ist keineswegs auf rechtspopulistische Bewegungen beschränkt, sondern gehört in das ganz ‚normale' Arsenal von Herrschaft und Regierung.

Beispiel Feindbild Russland: Das derzeitige Russland-Bashing ist ein aufschlussreiches Beispiel der gezielten Nutzung psychischer Abwehrmechanismen für die Durchsetzung politischer Zielsetzungen. Hier kommt eine kollektive Projektion zur Anwendung: Einer feindlichen Macht werden negative Eigenschaften attribuiert (territorialer Hunger, Expansionsstreben, imperiale Absichten, Gewaltpolitik etc.), Eigenschaften, die doch eigentlich das eigene Kollektiv bestens zu charakterisieren in der Lage sind. „Putin geht immer!" kommentierte ein deutscher Kabarettist dieses Phänomen. Aber warum „geht Putin immer?" Weil die Menschen glauben, dass Putin der Aggressor ist oder weil sie es *glauben wollen*? Im medialen Trommelfeuer antworten die Adressatinnen und Adressaten von Feindbildern nicht etwa mit einer vernunftorientierten Überprüfung dieser Behauptungen. Vielmehr übernehmen unbewusste Kräfte die Regie über ihr Denken, an die von außen appelliert wird: So wird die These, dass Russland von einem unersättlichen territorialen Hunger besessen sei, gerne geglaubt, weil sie für den eigenen psychischen Haushalt bekömmlich ist, angenehmer jedenfalls, als sich in den Gegensatz zur eigenen Herrschaft zu setzen und das propagierte Feindbild zu problematisieren.[3] Dieses Phänomen kann als

---

3 Diese Überprüfung würde nämlich zutage fördern, dass es nur vordergründig der Beitritt der Krim zu Russland war, der der suggerierten Feindschaft gegenüber Russland neue Nahrung gab (Stichwort: Annexion). Vielmehr gibt es andere Gründe: Russlands Offerte zur Schaffung eines eurasischen Wirtschaftsraumes, den USA ein Dorn im Auge – die Begrenzung der Macht ausländischer Medien in Russland – der Versuch,

politisch-regressive Psychohygiene bezeichnet werden. D. h.: Um unseren psychischen Haushalt von Irritationen zu entlasten, übernehmen wir doch lieber die Stereotype, die uns präsentiert werden (in der sogar Putins Killer-Delfine noch wirksam werden können). Mehrere Abwehrmechanismen werden hier von der Politik gezielt genutzt: Verleugnung, Projektion, die Identifikation mit dem Aggressor. Diese Neigung zur bekömmlichen Übereinkunft mit der Macht und damit ihren Rechtfertigungsmustern muss Friedenspädagogik verstören: durch Anstöße zur Reflexion auf das eigene Denken und Handeln, durch die Anbahnung einer kritischen Selbstreflexion. Wir müssen die Wirksamkeit der Abwehrmechanismen erst unterbrechen, um den Weg zu einer inhaltlichen Auseinandersetzung mit organisiertem Unfrieden zu ebnen.

Feindbilder kennen wir alle zur Genüge: Klischees wie die „bösen Russen", der „aggressive Islam", die „faulen Griechen", die „asozialen" Hartz-IV-Bezieher. Feindbilder sind Instrumente politischer Einflussnahme und Manipulation. Sie sind aber auch potenzielle Lernfelder, die von Friedenspädagogik entgegen ihrer Funktion – der Manipulation – genutzt werden können. Dazu bedarf es der Entfaltung ihrer Dialektik. Zunächst einmal: Feindbilder stellen eine bestimmte Klasse von Vorurteilen dar, in denen ausschließlich *negative* Eigenschaften attribuiert werden. Feindbilder sind Wahrnehmungsmuster, die einem vermeintlichen Feind pauschal negative Wesensmerkmale unterstellen. Feindbilder sind prinzipiell antiaufklärerisch, denn sie verhindern eine unverstellte, differenzierte Sicht auf die Realität. Feindbilder erfüllen – und das macht sie so gefährlich – eine gesellschaftliche *und* eine individualspezifische Funktion. Die gesellschaftliche Funktion besteht darin, die eigene Herrschaftsordnung zu stabilisieren und den eigenen Machtbereich sichern und ausweiten zu können. In individueller Hinsicht geben Feindbilder eine gewisse psychische Orientierung und Verhaltenssicherheit, vor allem in lebensgeschichtlichen Situationen, die von prekären Lebensumständen und Identitätsverunsicherungen bestimmt sind.[4] Genau diesen Zusammenschluss von Rechtfertigungsmustern gesellschaftlicher Friedlosigkeit und Identitätsverun-

---
die schlimmsten Monopolbildungen in Russland zu verhindern etc..
4 Vgl. hierzu etwa die Arbeiten von Klaus Dörre (Dörre 2016).

sicherungen muss eine pädagogische Friedensarbeit unterbrechen.

Feindbilder sind jedoch auch herausragende emanzipatorische Lernfelder. Denn Feindbilder sagen sehr viel mehr über den aus, der sie in Stellung bringt, als über den, dem sie zugeordnet wird.

Auf verschiedenen Ebenen kann Friedenspädagogik in der Auseinandersetzung mit Feindbildern Bildungsprozesse provozieren. Was können Menschen in der kritischen Konfrontation mit politisch konstruierten Feindbildern lernen?

- *dass sie selbst (wie wir alle!) Feindbilder internalisiert haben, die ihr Denken und Handeln beeinflussen;*
- *dass sich hinter Feindbildern gesellschaftliche Interessen verbergen, die offengelegt werden müssen;*
- *dass Feindbilder die Wahrnehmung der Realität erheblich verzerren, das heißt, als Selektionsfilter wirken (sie organisieren eine selektive Wahrnehmung und verhindern eine differenzierte Sicht auf die Wirklichkeit);*
- *dass Feindbilder eine self-fulfilling prophecy enthalten, der „Feind" also niemals seine Friedensfähigkeit unter Beweis stellen kann;*
- *dass Feindbilder für uns selbst, unseren psychischen Haushalt, eine entlastende Funktion einnehmen* (ausführlich hierzu: Ostermann/Nicklas 1982).

In dem Maße, wie Menschen sich von präsentierten Feindbildern unabhängig machen, in dem Maße treiben sie ihre geistige Abspaltung vom System gesellschaftlicher Friedlosigkeit voran, bewähren sie ihre Mündigkeit.

Zum Schluss möchte ich noch eine Grundsatzfrage ansprechen: Sind gesellschaftliche Kollektive lernfähig? Besser gefragt: Warum weigern sich gesellschaftliche Kollektive, aus ihren Erfahrungen zu lernen? Lernfähig wäre eine Gesellschaft dann, wenn sie ihre kollektive Biografie aufgearbeitet, sich über ihre Vergangenheit Rechenschaft abgelegt hätte und wenn sie bereit wäre, die Gestaltung ihrer Zukunft einem gemeinsamen Diskussionsprozess zu unterziehen. Im Hinblick auf die schrecklichen terroristischen Anschläge der letzten zwei Jahrzehnte muss man um die Lernfähigkeit von Kollektiven bangen, die sich doch nach außen hin als aufklärerisch etikettieren. Gleich einem Ritual – und Rituale sind prinzipiell unvereinbar mit Bildung – reagiert die westliche Welt auf Terrorismus: kein Innehalten, kein Nachdenken, keine Irritation unserer Mentalität. Ich erinnere an das aufrüttelnde Wortspiel von Peter Ustinov: „Terrorismus ist ein Krieg der Armen und Krieg ist der Terrorismus der Reichen"? Warum verweigern wir uns dem Wahrheitsgehalt dieser Aussage? Die These, der Terrorismus würde auf die Bekämpfung unserer freiheitlichen Lebensweise zielen – diese Antwort wird uns immer wieder eingeimpft – erweist sich bei kritischer Überprüfung als hilflose und zugleich verlogene Erklärung. Denn sie verkehrt Ursache und Wirkung. Friedenspädagogik konfrontiert mit den kollektiv verdrängten Gründen, die die globale Verantwortung des westlichen Modells für die kannibalische Weltordnung in grelles Licht rückt: unsere Kriege in der arabisch-muslimischen Welt, unsere gigantischen Rüstungsexporte, geboren aus dem militärisch-industriellen Komplex und eine politische Ökonomie, die mit subventionierten Agrarprodukten und der perversen Spekulation auf Nahrungsmittel die Märkte ganzer Kontinente zerstört.[5] Weltweite Migrations- und Fluchtbewegungen sind die Folge, und die Verursacher schotten sich wiederum gegen die verheerenden Konsequenzen der eigenen Politik ab, lassen die Menschen im Mittelmeer ertrinken. Gesellschaftsbildung trifft hier auf ihr größtes Hindernis: die Wirksamkeit gesellschaftlich gelenkter Abwehrmechanismen, mit deren Mobilisierung Abschreckung, Aufrüstung und Kriegsvorbereitungen durchgesetzt werden. Die Auflösung dieser Abwehrmechanismen wird mehr denn je zum Schlüsselproblem einer pädagogischen Friedensarbeit. Will sie wirksam werden, kommt sie an einer Lösung dieses Schlüsselproblems nicht vorbei – der Zerstörung der politisch-regressiven Psychohygiene, die bislang die Erkenntnis der kannibalischen Weltordnung verhindert. Sie bleibt die wichtigste und zugleich die schwierigste Aufgabe einer Pädagogik des Widerstands.

---

5   Würden wir für jedes Opfer, das unsere Lebensweise in anderen Teilen der Welt kostet, eine Schweigeminute einrichten, müssten wir ewig in Schweigen verharren. Die Kapazität unserer Trauerarbeit würde nicht ausreichen, die notwendige Trauer zu bewältigen.

Literatur

Adorno, Theodor W. (1982): Erziehung zur Mündigkeit, Frankfurt am Main (8. Auflage).
Bernhard, Armin (2017): Pädagogik des Widerstands, Impulse für eine politisch-pädagogische Friedensarbeit, Weinheim/München.
Brückner, Peter (2004): Zur Sozialpsychologie des Kapitalismus, Hamburg.
Dörre, Klaus (2016): Die national-soziale Gefahr. PEGIDA, neue Rechte und der Verteilungskonflikt – sechs Thesen, in: Rehberg, Karl-Siegbert/ Franziska Kunz/Tino Schlinzig (Hrsg.) (2016): PEGIDA – Rechtspopulismus zwischen Fremdenangst und „Wende"-Enttäuschung? Bielefeld: Transcript, S. 259–288.
Galtung, Johan (1975): Strukturelle Gewalt. Beiträge zur Friedens- und Konfliktforschung, Hamburg.
Galtung, Johan (1990): Cultural Violence, in: Journal of Peace Research, vol. 27, no. 3, S. 291–305.
Kerth, Cornelia (2016): Flüchtlinge Willkommen! Eine Herausforderung auch für Antifaschist/innen und Friedensbewegung, in: Henken, Lühr (Hrsg.): Wege aus der Kriegslogik. Für eine neue Friedenspolitik, Kassel, S. 97–104.
Kritische Pädagogik (2018): Krieg und Frieden, Baltmannsweiler (2. Auflage).
Münkler, Herfried (2006): Der Wandel des Krieges: Von der Symmetrie zur Asymmetrie, Weilerswirst.
Ostermann, Änne/Hans Nicklas (1982): Vorurteile und Feindbilder, München, Wien, Baltimore (2., durchgesehene Auflage).
Senghaas, Dieter (1981): Abschreckung und Frieden. Studien zur Kritik organisierter Friedlosigkeit, Frankfurt/Main (3. Auflage).
Werfel, Franz (2012): Die vierzig Tage des Musa Dagh, Frankfurt/Main 2012.
Ziegler, Jean (2015): Ändere die Welt! Warum wir die kannibalische Weltordnung stürzen müssen, München.

Eva Borst

Zarte Kinder. Ein Essay über die Einsamkeit des Teflonmenschen[1]

„wer nachdenkt, sollte gewissenlos werden"
(Peter Brückner 1966)

Es mag vielleicht etwas weit hergeholt sein, sich im Zusammenhang mit der pädagogischen Frage, wie bei Kindern Zartheit und Sensibilität erhalten oder wiederhergestellt werden können, mit der Genese des Stoffs Polytetrafluorethylen, genannt Teflon, zu beschäftigen, zumal der Zusammenhang wenig ersichtlich ist. Wenn wir aber die genauen Entstehungsbedingungen von Teflon betrachten, dann wird der zugegebenermaßen ironische Kontext, in dem dieses für die Pädagogik herausfordernde Problem steht, durchsichtig. Sein Entdecker war nämlich auf der Suche nach einem Kältemittel für Kühlschränke. Was er dabei fand, war das Antihaftmittel Teflon, dem die Eigenschaft zugesprochen wird, dass alles an ihm abgleitet. Wenn hier also der Teflonmensch als eine Spezies vorgestellt wird, an der alles abgleitet und die so undurchdringlich zu sein scheint, dass sie sogar Mitgefühl und Solidarität als Eigenschaften der humanen Koexistenz und als Notwendigkeit gesellschaftlichen Zusammenhalts nicht mehr zu erkennen vermag, so ist damit zugleich eine psychische Konstitution beschrieben, die es ermöglicht, in der Kälte der kapitalistischen Welt zu überleben.

Der Blick nach innen provoziert nicht etwa Selbstreflexion als Antwort oder gar als Widerstand gegen die kälteverursachenden Mächte, sondern er degeneriert zur ängstlichen Selbstbeobachtung, die allzu oft in die Optimierung der eigenen Person mündet. Bei effizientem Verhalten und entsprechender Anpassung an die äußeren Verhältnisse, so die Hoffnung, wird sich schon Erfolg einstellen. Eine Illusion, denn wer im autopoetischen System gefangen ist und in einer Schleife beständiger Rückbezüglichkeit die eigenen Befindlichkeiten permanent überprüfen und optimieren muss, um den Fährnissen des Lebens standhalten zu können, ist nicht mehr nur ent-

---

1 Für Sigrid Wolf

fremdet von sich selbst, auch von den Anderen und der Welt. Der Teflonmensch ist in seiner grenzenlosen Einsamkeit der ideale Protagonist einer sich allmählich verfestigenden autoritären Gesellschaft, in der sich mit Brutalität ein marktradikales, moralisch verkommenes Wirtschaftssystem durchsetzt, das keinerlei Rücksicht auf menschliche Bedürfnisse nimmt und keine Abweichung duldet. Die kalkulierte Übertragung des menschlichen Lebens in Ziffern und Zahlen, die Herabwürdigung des Individuums auf reine Funktionalität, die unmenschliche Forderung nach allzeitiger Bereitschaft, dem System zu dienen (Flexibilisierung genannt) und die Bestrafung bei zugeschriebener Unbotmäßigkeit durch den Entzug der Lebensgrundlagen, kann mit Fug und Recht als die *neue Barbarei* bezeichnet werden, die schon längst mitten unter uns herrscht. Sie hat sich nahezu unbemerkt in der Psyche sedimentiert und gegen das Subjekt selbst gewandt. Sie richtet sich nämlich durchaus nicht nur gegen das Außen, gegen Andere oder Fremde. Sie richtet sich auch in äußerst destruktiver Weise gegen das Selbst, das in seiner Gleichgültigkeit entweder in Stumpfsinn erstarrt oder zur kulturindustriell vorgeformten Infantilisierung neigt (vgl. Bernhard 2007).

Der Teflonmensch ist ein Symptom der Zeit, in der viele Menschen sich weigern, ihre Umwelt wach und beherzt mit allen Sinnen wahrzunehmen, etwa, indem sie sich die Ohren zustöpseln, indem sie absorbiert sind vom Smartphone oder indem sie die Welt fürchten und sich in psychische Krankheiten flüchten. Die Abschottung von dem, was uns umgibt, die Unfähigkeit zu affektiv-emotionalen Beziehungen im Modus intersubjektiver Anerkennung auch des zunächst Unbekannten (vgl. Borst 2003), zeigt die Grenze des Zumutbaren und ist ein deutlicher Hinweis auf die psychische und körperliche Verletzbarkeit des Menschen und des Menschlichen. Im Grunde ist die Teflonierung des Menschen das Ergebnis einer von Angst, Ohnmacht und Hilflosigkeit getriebenen Suche nach Halt und Sicherheit, die aber angesichts eines radikalisierten Individualismus scheitern muss.

Mithin ist der Teflonmensch nicht etwa das Gegenteil der zarten Kinder, sondern er ist das Ergebnis einer Sozialisation in eine von Friedlosigkeit gekennzeichnete Gesellschaft. (Vgl. Bernhard 2017, bes. S. 157ff.) Seine Entstehung ist der gewaltvollen Struktur der bürgerlich-kapitalistischen Gesellschaft selbst geschuldet. Der Versuch, Kinder in das rückbezügliche System, vermittelt durch das Erziehungs- und Bildungssystem, zu integrieren, um sie später ertragreich im internationalen Wettbewerb einsetzen zu können, ist nach der ökonomischen Logik des Neoliberalismus konsequent. Folgerichtig stören Empathie, Mitgefühl und Solidarität das Geschäft mit der Konkurrenz und müssen frühzeitig eliminiert werden. Die Barbarei wohnt also von vornherein der kapitalistischen Gesellschaft und der von ihr hervorgebrachten Kultur inne, die auch dann nicht verschwindet, wenn sich diese Gesellschaft auf Menschenrechte, Gerechtigkeit und Freiheit beruft, freilich aber nur denjenigen zugesteht, die im Namen des Kapitals sprechen, nicht jenen indessen, die sich die Freiheit nehmen, dem Kapitalismus entgegenwirkende Lebensvorstellungen zu entfalten.

Entlarvend sind daher Verlautbarungen eines Erziehungswissenschaftlers, der sich ganz offensichtlich von der Pädagogik als „humanes Erkenntnissystem" (vgl. Gamm 2012) abgewandt und sich zum Kollaborateur einer neoliberalen Wirtschaft gemacht hat: „Wir müssen schon in der Grundschule, mit großer Konsequenz aber in der Sekundarstufe II, in der Hochschule und in der Berufsausbildung die nachwachsende Generation mit allen Elementen des Lebensernstes konfrontieren: mit Arbeit, mit ökonomischem Druck, mit sozialen Erwartungen, mit Rechtfertigungspflicht, mit Verantwortungsübernahme, mit der Verpflichtung, für sich selbst zuständig sein zu wollen und nicht eine der vielen Opfernischen bewohnen zu wollen, die unsere Gesellschaft bietet." (Lenzen 2001, S. 2)

Dieses Zitat spricht für sich und ist in seiner zynischen Eindeutigkeit an Indolenz gegenüber kleinen Kindern – immerhin sollen schon Sechsjährige den formulierten Ansprüchen genügen – nicht zu überbieten. Für den Neoliberalismus eine geradezu treffliche Vorlage für seine menschenverachtende Ideologie, die von der *Erziehung zur Härte* geradezu enthusiasmiert ist. In ähnlicher Weise nämlich fordert Manfred Pohl, ein Historiker, der einst im Dienst der Deutschen Bank stand, eine *Erziehung zur Leidensfähigkeit* (vgl. Pohl 2007, S. 193), entsprechend der neoliberalen Doktrin, die besagt, dass in einer Konkurrenzgesellschaft Misserfolg und Verlust die treibenden Kräfte zum Erfolg und daher klaglos hinzunehmen sind.

Abgesehen davon, dass ein neoliberaler Wissenschaftler und ein Historiker der Illusion zu erliegen scheinen, man könne einen neuen, den jeweiligen wirtschaftlichen Bedingungen gegenüber gehorsamen Menschen erschaffen, führt eine solche Erziehung, die in keiner Weise den Entwicklungsbedürfnissen des Individuums Rechnung trägt, unweigerlich zu gesellschaftlichen Verwerfungen. Die bisweilen totalitären, auf jeden Fall aber autoritären Herrschaftsverhältnisse des Neoliberalismus sollen schon in jungen Jahren akzeptiert und verinnerlicht werden. Die Unbarmherzigkeit solcher Worte ist Ausdruck einer menschenverachtenden Gesinnung, die in einen autoritären Erziehungswillen mündet, der im schlechtesten Fall ängstliche Duckmäuser, im besten Fall widerständige Persönlichkeiten hervorbringt. Nicht alle Menschen allerdings lassen sich von solchen Appellen beeindrucken, weil sie von Anfang an gelernt haben, auf eigene Erfahrungen zu vertrauen. Der Gehorsam indes ist eine bequeme Art, keinen Mut zeigen zu müssen. Er schränkt das Denken ein und verletzt das Selbst der Menschen auf grausame Weise, denn er macht empfindungslos (vgl. Gruen 2014, S. 70/88).

Perspektivwechsel

Der Reichtum der menschlichen Kreatur liegt in der Möglichkeit zur Humanität, die sich für alle Zeiten und unteilbar in der Anerkennung der Würde und der körperlichen, psychischen und geistigen Integrität jedes einzelnen Individuums zum Ausdruck bringt. Kulturell spezifische Unterschiede erhalten genau dort ihre Grenze, wo die Integrität bedroht ist und die Würde auf das Niveau eines bloß aus traditionellen Macht- oder Herrschaftsverhältnissen resultierenden Verhaltens herabsinkt; wenn also die Würde nicht mehr als unteilbar gilt, sondern willkürlich abgeleitet wird aus der Stellung einer Person, einer Organisation oder einer Gruppe innerhalb der Gesellschaft.

Anders verhält es sich mit der Autorität. Die Autorität ist eng verbunden mit der Würde, ohne diese allerdings außer Kraft zu setzen. Autorität ist dasjenige Verhältnis der Menschen untereinander, die Würde garantiert, insofern sie, die Autorität, ein Arrangement demokratisch legitimierter staatlicher Institutionen voraussetzt, die für eine gesellschaftliche Grundordnung stehen. *Autorität wird verliehen.* Sie ist nichts Vererbtes, sie ist kein Mittel, wie noch in der griechischen und römischen Antike, zur gewaltlosen Durchsetzung von Gehorsam. Autorität bedeutet also zunächst nichts anderes als ein zwar hierarchisches, gleichwohl ordnendes Prinzip, das aber immer wieder auf seine Legitimität hin überprüft werden muss. Innerhalb dieses demokratischen Vorgangs wird Autorität nicht grundsätzlich in Frage gestellt, sondern nur die Form und der Grad ihrer Institutionalisierung. Sobald Autorität dem Gebot der Demokratie enträt, wird sie autoritär. Sie maßt sich Herrschaft an.

An dieser Stelle nun kommt Kritik ins Spiel, denn nur dann kann Autorität sich zum Wohle der Menschen entfalten, wenn sie sich vor ihren Kritiker*innen rechtfertigen und gegebenenfalls unter jeweils sich wandelnden historisch-gesellschaftlichen Bedingungen ihre Organisationsform zu verändern vermag. Die regulative Idee bleibt dabei stets die Anerkennung der Würde und Freiheit der Menschen, gleich, wo auf der Erde sie leben; Freiheit *von* Bedrückung jeglicher Art und Freiheit *zu* einem selbstbestimmten, von materieller Not unabhängigen Leben.

Besonders bedeutsam nun wird die Frage nach dem Verhältnis von Freiheit und Autorität. Ganz offensichtlich handelt es sich um ein Paradoxon. Vorausgesetzt aber, Autorität wird in ihrem Doppelcharakter erkannt, nämlich verlässliche Ordnung vs. autoritäres Herrschaftsgebaren, dann eröffnet sich auch eine Perspektive auf den Doppelcharakter der Freiheit, die nur dann für *alle* Menschen zu erreichen ist, wenn sie sich unter Berücksichtigung einer verlässlichen Ordnung in der dargestellten Weise entfalten kann. In anderen Worten: Freiheit für alle, also gesellschaftliche Freiheit, bedarf zwar der Regulation der Individuen, wobei aber die Einzigartigkeit jedes Individuums in seiner unantastbaren Würde zum Ausdruck kommen muss.

Damit rücken ethisch-moralische Prinzipien ins Blickfeld, deren besondere Bedeutung sich gerade dort zeigt, wo normative Orientierungsmechanismen nicht mehr funktionieren, allgemeine politische und gesellschaftliche Übereinkünfte zerstört und das Gemeinwesen nicht mehr angemessen vor partikularen (Profit-)Interessen geschützt wird, wie das unter der Regie des Neoliberalismus augenblicklich geschieht.

Debatten über die Ausgestaltung der gesellschaftlichen Ordnung begannen im Zuge der Herausbildung der bürgerlichen Gesellschaft im 18. Jahrhundert und sind bis heute nicht abgeschlossen. Allerdings, und das ist dann doch recht neu, befindet sich die bürgerliche Gesellschaft in einem Auflösungsprozess. Nicht nur, dass der charakteristische Unterschied zwischen Privatheit und Öffentlichkeit durch einen um sich greifenden Digitalisierungswahn mit eingebauter Beobachtungssoftware im Verschwinden begriffen ist, auch der für einen demokratischen Verfassungsstaat eigentlich als selbstverständlich zu geltende Ausgleich zwischen Arm und Reich durch eine gerechte Verteilungspolitik, durch staatliche Sozialgesetzgebung, starke Gewerkschaften und eine auf kritische Urteilsfähigkeit und Mündigkeit zielende Erziehung und Bildung werden in ihren Grundfesten geschliffen. Diese gesellschaftlich bedenklichen Auflösungserscheinungen haben ihren Grund in einer den Staat und mithin auch den Souverän zutiefst verachtenden Wirtschaft, die sich mit der eilfertigen Hilfe aus der Politik selbst die Befugnis erteilt, sich über das Gemeinwesen hinweg setzen zu dürfen, um alle Lebensbereiche, Menschen, Tiere, Pflanzen, also das ökologische System in seiner Gesamtheit, den Gesetzen einer skrupellosen Marktwirtschaft zu unterwerfen. Sekundiert durch hochselektive Kontrollmechanismen wird hier ein sozialdarwinistisches Modell zur Realität, das zwar Anpassung zum Ziel, Gehorsam aber zur Voraussetzung hat. Der Psychoanalytiker Peter Brückner schreibt zu Recht, dass „Macht, die sich keiner rational ausgewiesenen und deshalb menschlich akzeptierbaren Legitimität verdankt, sondern auf dem Recht des Stärkeren oder auf dem Besitz von Bewußtsein beruht, [...] notwendig einen in seinen Folgen sich als pathologisch erweisenden Gehorsam" erzeugt (Brückner 1983, S. 21), der, so ist zu ergänzen, durch die systematische Hervorbringung von Angst und Unsicherheit mühelos aufrecht erhalten werden kann. In einer Welt, in der die Ideologie des Marktradikalismus geradezu religiöse Züge annimmt, droht bei einem Verstoß gegen die Glaubenslehre der soziale und materielle Abstieg. Dem pathologischen Gehorsam kommt dabei die Funktion zu, von den barbarischen Konsequenzen des Systems abzulenken und die Schuld für das eigene Unglück bei anderen Menschen zu suchen. Brückner bemerkt: „Und immer warten die im Gehorsam unterdrückten Triebimpulse darauf, sich wider den Sündenbock zu kehren, den die Gesellschaft zur Verfolgung freigibt." (Ebd., S. 25)

Der pathologische Gehorsam ist in seinen Tiefenstrukturen äußerst destruktiv und charakterisiert durch absolut konformes Verhalten, dabei unreflektiert, aber immer auf den eigenen Vorteil bedacht, wobei, auch dies vollkommen unreflektiert, der Befehl bedingungslos erfüllt wird. Es handelt sich dabei nicht um einen face-to-face Befehl, sondern dem kapitalistisch-autoritären System selbst ist der Befehl immanent. Er kommt dort zum Ausdruck, wo er an die Konsumgewohnheiten angeschlossen dem „anspruchsberechtigten Bürger (und der Bürgerin, E.B.)" (ebd.) das Versprechen nach Wohlstand, Bequemlichkeit und Glück gibt, in Wirklichkeit aber in Form einer „repressiven Entsublimierung" (Marcuse) die eigene Unterdrückung kompensiert und unsichtbar macht. Wehe dem, der nicht konsumiert, seien es nun Waren oder Daily Soaps, die dazu beitragen, Ressentiments zu fördern, Vorurteile als Wahrheit erscheinen zu lassen und andere Menschen abzuwerten. Der pathologische Gehorsam folgt einem *indirekten* Befehl, der, bereits in die frühkindliche Sozialisation eingelassen, Kinder für eine glitzernde Konsumwelt rüstet, die bei näherem Hinsehen nur für diejenigen offensteht, die mit genügend Geld ausgestattet sind. Daher ist es auch so einfach, Menschen gefügig zu machen, denn das Geld erscheint wie ein „allmächtiges Wesen" (MEW/EB, S. 563), dessen man habhaft werden muss, um zu überleben.

Kinder zart machen

Die Erziehung zur Härte ist nicht nur ein Rückfall in alte Zeiten und entspricht einer „Schwarzen Pädagogik" (Rutschky). Sie ist unter den heutigen Bedingungen als Aufforderung zu verstehen, Kinder im Konkurrenzkampf gegen den eigenen Schmerz sowie gegen denjenigen der Anderen zu immunisieren, sie gewissermaßen abzudichten gegen die eigenen vitalen Bedürfnisse, damit sie gehorsam den Imperativen der Wirtschaft Folge leisten. Das autoritäre Regime des Neoliberalismus versucht, die Seelen der Menschen an sich zu binden, so dass sie aus eigenem Willen bereit sind, sich zu unterwerfen, immer freilich begleitet von dem Wunsch, auf diese Weise erfolgreich sein zu können und Anerkennung zu erfahren.

Problematisch ist nun, dass die beschriebenen, pathologischen Sachverhalte sich zur Normalität gewandelt haben, unser Alltagshandeln bestimmen und die darin eingelassene kalte Gleichgültigkeit gegenüber dem zum Sündenbock stilisierten Nächsten erst dann auffällt, wenn die Pathologie selbst ins Bewusstsein tritt und uns ihre Unmenschlichkeit und Unwahrhaftigkeit schamhaft zurücklässt. Bildung hätte die Aufgabe, über diese Strukturen aufzuklären, um, wie Adorno bemerkt, „ein Klima zu schaffen, das einer Veränderung" (Adorno 1971, S. 129) günstig ist. Was sich tief in der Psyche verankert, ist gewiss nur schwer ins Bewusstsein zu heben. Gleichwohl ist eine systematische Aufklärung über die oben beschriebenen Herrschaftsverhältnisse unausweichlich, will man die neue Barbarei nicht widerstandslos hinnehmen. Aber, und das ist eine Frage, die die Pädagogik *auch* zu beschäftigen hat, wie gewinnt man die *Herzen* der Menschen trotz der weithin zu beobachtenden Verrohung? Der „Kampf gegen den Gehorsam", so Arno Gruen, muss „nicht nur mit dem Verstand, sondern auch mit den Gefühlen, die dem verblendeten Gehorsam zuwiderlaufen, ausgetragen werden. Damit ist ganz allgemein die Empathie gemeint." (Gruen 2014, S. 85)

Wenn die Menschen ihr Denken fühlten, begäben sie sich womöglich auf die Suche nach der Quelle ihres Lebens und ihrer Lebendigkeit und würden sich nicht einer nekrophilen Zerstörungskraft hingeben: „Der destruktive Mensch," bemerkt Fromm, „hat sozusagen die Welt des Lebendigen verlassen. In seiner Verzweiflung über seine eigene Lieblosigkeit kennt er keinen anderen Trost, als die Genugtuung, dass er Leben wegnehmen kann. [...] [Es ist] die letzte und gewaltsame Rache am Leben für die Unfähigkeit, noch irgend eine Art von ‚Nähe' spüren zu können, nicht einmal mehr die zwischen dem Folterer und seinem Opfer." (Fromm 1999/XII, S. 95)

Aufklärung über den wahrhaft barbarischen Zustand der Gesellschaft hilft demnach wenig, wenn nicht etwas anderes hinzutritt, das uns im Inneren berührt und uns befreit von einer rein kognitiven Betrachtung der Welt. Adorno plädiert dafür, Kindern zur Zartheit zu verhelfen, damit sie die Scham über geschehenes Unrecht ergreift, eine „Scham über die Rohheit, die im Prinzip der Kultur liegt" (Adorno 1971, S. 131), die sich, weil sie sich an einem äußerst aggressiven, auf Profitakkumulation hin ausgerichteten Wettbewerb orientiert, durchaus nicht mehr an eine ethisch-moralische Rechtfertigung hält.

Die Dialektik von Denken (Aufklärung) und einer formenden Bewahrung der Natur (Gefühl) sowohl im Inneren als auch im Äußeren könnte dafür sorgen, dass sich für Kinder ein zunächst pädagogisch unreglementierter Raum für differenzierte leibhaftige Erfahrungen eröffnet. Daher spricht Adorno von einer *Erziehung zur Erfahrungsfähigkeit*, die er gleichsetzt mit einer *Erziehung zur Mündigkeit*. Die Dialektik von Denken und Gefühl wäre aber in ihrer Abstraktion folgenlos, würde sie nicht auch in ein Handeln münden, das den moralischen Imperativ der historisch-gesellschaftlichen Verantwortung hervorruft. Sinnlichkeit, Wahrnehmungsfähigkeit, Affekte und Emotionen werden zur Voraussetzung des Denkens. Auch Hannah Arendt beharrt auf der lebendigen Erfahrung (vgl. Arendt 1994, S. 18), ohne die jedes Denken abstrakt bleibt, lebensfern, ja sogar zum Bösen sich wandelt.

Etwas abseitig, aber gleichfalls wichtig scheint mir in diesem Zusammenhang der Hinweis auf Max Schelers Anthropologie, der den cartesianischen Dualismus überwindet, indem er die Leib-Seele-Problematik in die Philosophie einführt und der Frage nachgeht, welchen Anteil die *ens amans*, also die liebende Erschließung der Welt, am Denken selbst hat. Für den Phänomenologen Scheler ist es das Apriori des Denkens überhaupt und damit jedem Denkprozess vorgeschaltet. (Vgl. Good 1998; Sander 2001)

Wenn sich nun, wie dargestellt, die Auflösung der staatlichen Autorität zugunsten eines wirtschaftlichen Autoritarismus in die Psyche der Individuen einschreibt, wenn also Konkurrenz gewissermaßen zur einzigen – *contradictio in adjecto* – unmoralischen Tugend im alltäglichen Geschäft avanciert und die Existenzbedingungen nachhaltig beeinflusst, dann wird die Frage nach der Zartheit der Kinder ein pädagogisches Problem. Die hypothetische Annahme, dass im Teflonmenschen die ganze Verletzlichkeit des Menschen zum Ausdruck kommt, und auch die Tatsache, dass sich nicht jeder Mensch gegen äußere Einflüsse in der beschriebenen Art abdichtet, lässt auf eine Veränderung hoffen. Gleichwohl aber führt der Verlust der Empathie, wie er besonders von Arno Gruen (2015) beklagt wird, zu gesellschaftlich schwierigen Verhältnissen, in die Kinder nun mal hineingeboren werden und in denen sie sich behaupten müssen.

Reden wir von der öffentlichen Erziehung und Bildung, so ist festzustellen, dass sie sich völlig der Funktionalität des Arbeitsmarktes unterwirft, den Menschen zum Mittel für den Zweck eines Anderen macht und damit permanent die psychischen Grenzen von Kindern und Jugendlichen verletzt (vgl. Gruen 2015, S. 92ff.). Die

Entwicklung von Einfühlungsvermögen bleibt dabei auf der Strecke und gehört nicht zum pädagogischen Repertoire. Zumal die ästhetische Erziehung und Bildung kaum noch eine Rolle spielt und dort, wo sie noch eine Rolle spielt, durch Leistungsmessung regelrecht entwertet wird, sie also rein äußerlich bleibt und zur reinen Kompetenz für den Einsatz auf dem Arbeitsmarkt verwahrlost.

Wie also die Wahrnehmung von Kindern schärfen, damit sie Selbstvertrauen zu sich und ihren Handlungen gewinnen und sich eine, im Sinne Schelers, liebende Beziehung zur Welt und sich selbst entwickeln kann, ohne die das Denken seine Fundierung verlieren würde? Sicher könnte man in der öffentlichen Erziehung die musischen Fächer ohne Notendruck ausbauen, Wildnispädagogik betreiben, tiergestützte Pädagogik anbieten u.v.m., um auf diesen Wegen Kindern zu einer anderen als der rein kognitiven Erfahrung zu verhelfen. Alle diese Angebote sind sicherlich sinnvoll und notwendig, sie stoßen aber dann an ihre Grenzen, wenn sich nicht auch Politik und Gesellschaft verändern. Jede Pädagogik, so hilfreich sie auch sein mag für das individuelle Wohl, die nicht zugleich auch nach den gesellschaftlichen Voraussetzungen fragt, stabilisiert die autoritären Herrschaftsverhältnisse.

Andererseits freilich wäre es schon ein großer Fortschritt, wenn es gelingen könnte, in den Kindern eine Leidenschaft zu entzünden, die es ihnen ermöglicht, gegen den erzwungenen Konformismus aufzubegehren, also den Gehorsam zu verweigern und sich gegen jegliche Form der Inhumanität zu stellen. Auch wenn die politischen und gesellschaftlichen Bedingungen gegenüber nonkonformistischen Einstellungen äußerst ungünstig sind, so bleibt wenigstens die Hoffnung, dass Kinder beizeiten ihre eigenen Grenzen zu respektieren lernen (vgl. Gruen 2015, S. 93), indem sie eine Gefühl für die Grenzen der Anderen entwickeln oder, wie Adorno erklärt, „daß noch der letzte Halbwüchsige auf dem Land sich geniert, wenn er [...] einen Kameraden in einer rohen Weise anstößt oder gar gegen Mädchen sich brutal benimmt." (Adorno 1971, S. 129/130).

Diese Scham kann aber nur aufkommen, wenn Kinder in ihrer frühkindlichen Erziehung Nähe erleben durften, die sich vor allem dadurch ausdrückt, dass sie physisch und psychisch von den Erwachsenen *gehalten* werden, selbst wenn sie wütend und zornig sind. Wir „müssen Kinder verstehen, ehe wir ihnen Lösungen für soziale Situationen anbieten, Lösungen, die nicht kurzweg von irgendwelchen tradierten Ordnungsvorstellungen abgeleitet wurden und deren Legitimität dann nur darin besteht, daß die Erwachsenen sie als ihr ‚Gewissen' idealisieren." (Brückner 1983, S. 29). Voraussetzung dafür ist eine „Synthese von Einsicht und Einfühlung" (ebd.); Einsicht in oder Selbstreflexion auf die eigenen affektiven Verstrickungen in diese Ordnungsvorstellungen und zugleich Einfühlung in das Kind. Mit anderen Worten: Erziehung der Kinder alleine genügt nicht. Es ist ebenso eine (politische) Bildung von Nöten, die diese widersprüchliche Konstellation auf Seiten der Erwachsenen ins Bewusstsein bringt.

Hören wir noch einmal Brückner, weil er so klar und deutlich das bezeichnet, wovon unsere Zukunft abhängt: „So wichtig wie die Forderung, daß Macht und sozialer Befehl sich rational auszuweisen haben, ist die zweite: im sozialen Kontext die Situation und ihre Akteure emotional zu erfassen." (Ebd., S. 32) Das heißt, ihnen mit wohlwollender Zuwendung zu begegnen, aber zugleich auch ihre Anliegen intellektuell mit Blick auf ihre humane Berechtigung hin zu prüfen.

Die Frage danach, wie Kinder ihre Zartheit erhalten können, ist zwar pädagogisch motiviert, aber grundsätzlich politisch zu beantworten. Weil Politik die Rahmenbedingungen für ihr Aufwachsen setzt, muss Pädagogik, besonders hinsichtlich des in Rede stehenden Problems, nicht nur ideologie- und gesellschaftskritisch argumentieren. Sie muss ihr Handeln an den politisch prekären Verhältnissen, wie wir sie augenblicklich vorfinden, ausrichten.

Zum Schluss ein Beispiel aus dem 2017 erschienen Roman „Ikarien" von Uwe Timm, der das, was Aufklärung und Einfühlung bedeuten, auf eine sehr berührende Weise illustriert. Es geht um Eugenik, Rassentheorie und Euthanasie vor und während des Nationalsozialismus und um einen kleinen Jungen:

Die Zeit des deutschen Faschismus konnte ein geistig zurückgebliebenes Kind nur deshalb überleben, weil es die Eltern versteckt hatten. Nach Kriegsende – die weißen Bettlaken hingen noch in den Fenstern – war es diesem Kinde zum ersten Mal vergönnt, tanzend, hüpfend, lachend, in die Hände klatschend durch die Straßen zu laufen, die Bäume zu umarmen und sich frei zu fühlen. Niemand tat ihm was. Aber nach nur wenigen Monaten fingen die Kinder an, „eingeübt in das, was normal sein sollte" (Timm 2017, S.10), wie

Timm die Nachkriegsstimmung umschreibt, den Jungen zu ärgern. Der Ich-Erzähler, seinerzeit ebenfalls ein Kind, erklärt:
> *„Ich war der Jüngste und habe am längsten zu ihm gehalten. Wie wundersam, wenn er die Wolken mit einem Besen wegschieben wollte. Als auch ich ihn zu hänseln begann, fragte die Mutter, warum tust du das? Weil er komisch ist. Nein, er ist nicht komisch, nicht böse. Kinder können böse sein. Er nicht. Er tut niemandem etwas. Er wird immer ein wenig Kind bleiben.*
>
> *So ungefähr war das Gespräch. Und mit ihm verbunden das Gefühl der Scham, jemanden verraten zu haben, um anderen zu gefallen." (Ebd., S. 11)*

Literatur

Adorno, Theodor (1971): Erziehung zur Entbarbarisierung, in: ders.: Erziehung zur Mündigkeit, Frankfurt am Main, S. 120–132.

Arendt, Hannah (1994): Zwischen Vergangenheit und Zukunft. Übungen im politischen Denken I, München/Zürich.

Bernhard, Armin (2007): „Simplify your life!" Die Infantilisierung der gesellschaftlichen Lernräume und die Vermüllung des Bewusstseins als neue pädagogische Herausforderungen, in: Jahrbuch für Pädagogik 2006, hrsg. von Dieter Kirchhöfer; Gerd Steffens, Frankfurt am Main, S. 59–74.

Bernhard, Armin (2017): Pädagogik des Widerstands. Impulse für eine politisch-pädagogische Friedensarbeit, Weinheim/Basel.

Borst, Eva (2003): Anerkennung der Anderen und das Problem des Unterschieds. Perspektiven einer kritischen Theorie der Bildung, Baltmannsweiler.

Brückner, Peter (1983): Zur Pathologie des Gehorsams, in: ders.: Zerstörung des Gehorsams. Aufsätze zur politischen Psychologie, Berlin, S. 19–34.

Fromm, Erich (1999): Gesamtausgabe, Band XII, Düsseldorf.

Gamm, Hans-Jochen (2012): Pädagogik als humanes Erkenntnissystem. Das Materialismuskonzept in der Erziehungswissenschaft, Baltmannsweiler.

Good, Paul (1998): Max Scheler. Eine Einführung, Düsseldorf/Bonn.

Gruen, Arno (2014): Wider den Gehorsam, Stuttgart.

Gruen, Arno (2015): Der Verlust des Mitgefühls. Über die Politik der Gleichgültigkeit, München.

Lenzen, Dieter (2001): Veränderung als Pflicht, in: Erziehung und Wissenschaft. Zeitung der Bildungsgewerkschaft GEW, Heft 3.

MEW (1968): Ökonomisch-philosophische Manuskripte (1844), in: Ergänzungsband/I, Berlin, S. 465–591.

Pohl, Manfred (2007): Das Ende des weißen Mannes. Eine Handlungsaufforderung, Berlin.

Sander, Angelika (2001): Max Scheler zur Einführung, Hamburg.

Timm, Uwe (2017): Ikarien. Roman, Köln.

Conrad Schuhler

Krieg, Armut, Umweltkatastrophe – der globale Kapitalismus:
Die Ursachen der Flucht und des Terrors – die Verantwortung des „Westens"[1]

Der Norden lebt über die Verhältnisse des Südens

Seinem aktuellen Buch („Neben uns die Sintflut", 2016) stellt Stephan Lessenich ein Zitat des uruguayanischen Schriftstellers Eduardo Galeano aus dessen Buch über Kolonialismus und Imperialismus in Lateinamerika voran: „Die internationale Arbeitsteilung besteht darin, dass einige Länder sich im Gewinnen und andere im Verlieren spezialisieren." Der Norden hat sich auf das Spezialisieren der Gewinne, der Süden auf das Spezialisieren im Verlieren konzentriert. Der Norden kann das im globalen Gefüge, weil er über genügend Macht verfügt, um den Süden auszubeuten. „Ausbeutung findet demnach immer dann statt, wenn Menschen über eine Ressource verfügen bzw. über diese in einer Weise verfügen können, die sie dazu befähigt, andere Menschen zur Produktion eines Mehrwerts zu bringen, von dessen Genuss die Produzierenden selbst wiederum ganz oder teilweise ausgeschlossen bleiben." (Lessenich, S. 58) Dieser Mehrwert kann einmal als Gewinn vom Unternehmer angeeignet werden, die klassische Ausbeutung im marxistischen Sinn. Zum anderen kann er sich „auch in anderen Formen der einseitigen, entschädigungslosen Vorteilnahme innerhalb einer sozialen Beziehung niederschlagen: als Ausbeutung von Bodenschätzen anderer Länder, des Wissens anderer Kulturen, von Zwangslagen anderer Menschen." (A.a.O.)

---

[1] Dieser Artikel ist mit der Genehmigung des Autors aus ausgewählten Teilen des isw-Reports Nr. 104, 2016 bzw. des isw-Reports Spezial-Nr. 29, 2016: Conrad Schuhler: *Der Terror und die Verantwortung des Westens* sowie Conrad Schuhler: *Die Ursachen der Flucht: Krieg, Armut, Umweltkatastrophen – zusammengefasst: der globale Kapitalismus* entstanden. Wir danken dafür und entschuldigen uns, dass die Datenlage nicht ganz auf dem letzten Stand ist.

Nun ist die grobe Einteilung in einen „reichen Norden" und einen „armen Süden" nicht hinreichend. Im letzten Jahr waren 65 Millionen Menschen aus dem Süden auf der Flucht. Viele Millionen wandten sich nach Norden, weil sie glaubten, sie fänden in der Reichen Welt ein friedliches und materiell gesichertes Auskommen. Doch trafen sie hier wiederum auf den Widerspruch Arm-Reich, der sich auch in wachsender Schärfe durch die Reiche Welt zieht.

Der Süden wird auf vielfältige Weise um große Teile des von ihm produzierten Mehrwerts gebracht. Industrielle und landwirtschaftliche Arbeit wird auf ein Lohnniveau am Rande und unterhalb des Existenzminimums gebracht. Mit „Freihandelsabkommen" wie den EPAs (Economic Partnership Agreements) werden die afrikanischen Märkte für europäisches Geld und Waren geöffnet. Die radikale Marktöffnung für EU-Importe soll angeblich ausgeglichen werden durch die Öffnung des Zuganges für afrikanische Produkte zur EU. Doch ist die Wirtschaft Afrikas dem Wettbewerb mit den Industrie-, Handels- und Agrarmultis der EU natürlich nicht gewachsen. Durch die EPAs allein verliert Afrika jährlich 20 Milliarden US-Dollar an Exporteinnahmen.

Zu den Knebelungsinstrumenten gehört auch die vertraglich zugesicherte Nutzung von Fischfanggebieten. Die EU hat mit 16 Ländern in Afrika, der Karibik und im Pazifik solche Verträge abgeschlossen. Die EU-Großtrawler zerstören die einheimische Fischereiwirtschaft, wofür sie von der EU mit knapp einer Milliarde Euro subventioniert werden. (Le Monde Diplomatique, 11.1.2013) Wenn diese und sonstige Verfahren des zivilen Handels- und Wirtschaftsimperialismus nicht ausreichen, dann lässt der Westen die Waffen sprechen. Die Länder mit dem höchsten Kriegsstatus sind die Hauptherkunftsländer von Flüchtlingen. Kriege sind der wesentliche Grund für die globale Völkerwanderung unserer Zeit.

Der zweite Faktor ist ebenso offensichtlich. Es sind Armut und soziales Elend. Die Flüchtlinge wollen der Realität mörderischer Kriege in ihrem Land und der Perspektive einer hoffnungslosen Zukunft entgehen. (Human Development Report 2014) Mittlerweile sind das Allerweltsweisheiten. Jeder sagt, ob von links oder von rechts und auch in der Mitte, natürlich sind das die Fluchtursachen und die muss man bekämpfen. In der Rückhand haben viele dann die vermeintliche Trumpfkarte: Und da diese Ursachen weit weg und von uns nicht zu bewältigen sind, müssen wir jetzt mal sehen, dass wir unseren Laden am Laufen halten, wozu als erstes gehört, ihn dicht zu machen gegen diese Fluten, die nicht zu handhaben sind. Dies ist eine grundverlogene Haltung. Denn sie leugnet, dass unsere Länder ursächlich und verantwortlich sind für die Katastrophen in den Herkunftsländern. Dass dort Kriege wüten und Elend herrscht, ist im Wesentlichen zurückzuführen auf die Politik der westlichen Länder, auch und gerade Deutschlands. Ein Blick auf die Herkunftsländer begründet dieses Urteil im Einzelnen.

86 % aller Flüchtlinge werden in den Staaten der Dritten Welt aufgenommen, die Armen der Welt bieten den noch Ärmeren und Gepeinigten Unterschlupf. Die Hauptverursacher des globalen Desasters aber, die den Süden mit Kriegen überziehen und den dortigen Menschen die Lebensgrundlagen rauben, gewähren nur einem minimalen Bruchteil der Vertriebenen und Flüchtenden Schutz. (Fred Schmid, isw-Report 104, S. 3) „Wir sind hier, weil ihr unsere Länder zerstört", erklärten die No Citizens bei ihrem Hungerstreik auf dem Rindermarkt in München. (Claus Scheer, isw-Report 104, S. 11)

Terror und Flucht – dieselben regionalen Schwerpunkte, dieselben Ursachen: Krieg und soziales Elend

Die Länder mit der höchsten Terrorintensität gehören zugleich zu den Hauptherkunftsländern der Flüchtlinge. Mit dem Terror sind die Flüchtlingszahlen enorm angestiegen. Waren 2008 42 Millionen Menschen weltweit auf der Flucht, so waren es 2015 bereits 65,3 Millionen. (UNHCR 2015) Von den fünf die Terrorliste anführenden Länder steht Syrien auf Platz 1 der Flüchtlingsliste, Afghanistan auf Platz 2, der Irak, Pakistan und Nigeria auf den Rängen 11 bis 20.

Die Hauptursache von Terror und Flucht sind die Kriege. Syrien steht im Global Peace Index (IEP 2016) auf dem letzten Rang (Nr. 163), ist also das Land mit der größten Kriegsverwüstung. Der Irak ist die Nr. 161, Afghanistan Nr. 160, Pakistan Nr. 153, Nigeria Nr. 149. Die terrorintensivste Region ist gleichzeitig mit großem Abstand die Region mit der größten Kriegsverwüstung: der Mittlere Osten und Nordafrika. (A.a.O., S. 12)

Neben dem Krieg hat der Terror eine zweite Mutter: das soziale Elend. Die Hauptländer des Terrorismus sind geprägt von Armut,

Hunger und sozialer Hoffnungslosigkeit. Im *„Human Development Index"* erstellt das *United Nations Development Programme* (UNDP) jährlich einen Index menschlicher Entwicklung. Er misst die Qualitäten des menschlichen Lebens anhand der Faktoren „Lebenserwartung zur Zeit der Geburt", „durchschnittliche Schuljahre", „zu erwartende Schuljahre" und „Pro-Kopf-Einkommen". Der Irak steht unter den 188 Nationen auf Rang 121, Syrien auf 134, Pakistan auf 147, Nigeria auf 152 und Afghanistan auf Rang 171. (UNDP 2015)

Die Quellen des Terrorismus sind Ergebnis der vom Westen betriebenen Globalisierung

Die Länder mit dem höchsten Terror-Index, die zugleich die wesentlichen Exportländer des Terrors sind, sind allesamt „fehlgeschlagene Staaten", die deshalb „fehlgeschlagen" sind, weil kriegerische Überfälle des Westens ihre staatlichen Strukturen und Apparate zerschlagen und ihre Ökonomien ruiniert haben. In Afghanistan hatten die USA seit den 1980er Jahren die Terrororganisation al-Qaida aufgebaut. Mit Hilfe der Terrororganisationen der Taliban wurde die Kabuler Linksregierung und ihre sowjetischen Helfer niedergerungen bzw. aus dem Land getrieben. Als dem Sicherheitsberater des US-Präsidenten Carter, Zbigniew Brzezinski, vorgehalten wurde, es seien die USA gewesen, die die islamistischen Gruppen erst hochgepäppelt haben, sagte er: „Was ist wichtiger in der Weltgeschichte? Die Taliban oder der Zusammenbruch des sowjetischen Imperiums?" (Le Nouvel Observateur, 15.1.1998)

Das Hochrüsten der Terrorgruppen und das anschließende jahrelange Gemetzel in Afghanistan mit dem Entstehen neuer, antiwestlicher Terrorkräfte ist eine direkte Folge des militärischen Eingreifens der USA und der NATO. Drei Wochen nach den Anschlägen gegen die Twin Towers in New York starteten die USA ihren Angriff auf Afghanistan als „Bündnisfall" der NATO. Vorgeblich ging es um die „Selbstverteidigung" der westlichen Wertegemeinschaft gegen Afghanistan. Damit wurde das Gewaltverbot der UNO ausgetrickst, es genügte, die NATO-Partner zu überzeugen und die „Koalition der Willigen" war perfekt. Der Angriff war völkerrechtswidrig, war illegal.

Unter dem Banner des „*Kriegs gegen den Terror*" wurden und werden nun illegale Kriege überall dort durchgezogen, wo die USA und die NATO sie für ihre Interessen benötigen. Die USA und Großbritannien überfielen 2003 den Irak. Zuvor hatten sie sich vor der UNO mit ihren Lügen und Fälschungen zu den angeblichen Massenvernichtungswaffen im Irak blamiert. Im Ergebnis dieses illegalen Krieges zählen wir heute im Irak über eine Million Tote. Und aus den Truppenoffizieren und Geheimdienstleuten des Sadam-Regimes setzte sich die neue Terrortruppe IS zusammen, die bald große Teile von Syrien und Irak kontrollierte. Die beiden Hauptgruppen der Terroristen im Nahen Osten und Nordafrika, al-Qaida und IS, haben ihr Entstehen und ihre wachsende Relevanz den USA und der NATO zu verdanken. (vgl. Daniele Ganser, 2016, S. 206 ff.)

Den nächsten großen Akt im „Krieg gegen den Terror" erleben wir mit dem Überfall auf Libyen 2011. Auch hier gab es keinen UN-Beschluss, auch dieser Krieg war völkerrechtswidrig. So wie bei Afghanistan das "Selbstverteidigungsrecht" vorgeschoben wurde, um den kriegerischen Überfall der NATO zu legitimieren, so wurde dieses Mal das R2P-Konzept erfunden. Die Abkürzung steht für Responsibility to Protect, auf Deutsch „Schutzverantwortung". Wenn ein Staat nicht fähig oder willens sei, die Bürger vor schweren Menschenrechtsverletzungen zu schützen, dann dürfe die internationale Staatengemeinschaft zum Schutz der bedrohten Bevölkerung eingreifen, wenn ein entsprechendes Mandat des Sicherheitsrates vorliegt. Das UN-Mandat bezog sich aber ausdrücklich auf die Errichtung einer Flugverbotszone, um „von Angriffen bedrohte Zivilpersonen" zu schützen. Die NATO fälschte dieses Mandat um in einen militärischen Angriff mit dem Ziel, Gaddafi zu stürzen und einen Regime-Change durchzuführen. Auch dieser Krieg ist illegal. (Ganser, a.a.O., S. 247f.)

Nach einem ähnlichen Konzept geht der Westen in Syrien vor. „Die Angreifer USA, Großbritannien, Frankreich, Türkei, Katar und Saudi-Arabien haben brutale Banden trainiert und mit Waffen ausgerüstet und versuchen seit 2011, Präsident Assad zu stürzen, was ihnen aber bisher nicht gelungen ist." (Ganser, Interview mit Wernicke in NachDenkSeiten, 14.10.2016) Mittlerweile gehört auch Deutschland zur Bande der Angreifer. Bisher hat der Terrorkrieg 400.000 Tote gefordert und über 11 Millionen Menschen in die Flucht getrieben.

Daniele Ganser zieht dieses Fazit: „Der laufende sogenannte ‚Krieg gegen den Terror' bietet keinen glaubwürdigen Ausstieg aus der Gewaltspirale an und löst das reale Problem des Terrors nicht, weil er im Kern gar nicht auf den Terror abzielt, sondern ein Kampf um Erdöl, Erdgas, Geld und Macht ist. Der sogenannte ‚Krieg gegen den Terror' ist ein Kampf um Rohstoffe und globale Vorherrschaft." (Ganser, 2016, S. 329)

Flüchtlingsherkunft Afrika: Verantwortlich der alte und der neue Kolonialismus

Syrien und Afghanistan liegen mit großem Vorsprung an der Spitze der Flüchtlingsherkünfte und für Deutschland treten vor allem noch die Balkan-Länder hinzu. Im globalen Maßstab spielt Afrika als Herkunftsort ebenfalls eine herausragende Rolle. Unter den zehn Hauptherkunftsländern befinden sich sechs afrikanische Länder, unter den ersten fünf sind es drei. (UNHCR, a.a.O.) Alle Ursachen für Flüchtlingsbewegungen – Krieg und Bürgerkrieg, Armut und Perspektivlosigkeit, Verheerung der Umwelt und fortschreitende Klimakatastrophe – finden sich zugespitzt auf dem afrikanischen Kontinent. Das Erbe des Kolonialismus wiegt bis auf den heutigen Tag schwer, und es ist verheerend. Als sich Befreiungsbewegungen in Afrika gegen die alten Kolonialmächte durchsetzen konnten, fanden sie sich in staatlichen Gebilden wieder, die von den Kolonialmächten auf dem Reißbrett entworfen worden waren. Vielfältige, oft kontroverse Mischungen von Ethnien und Religionen waren an der Tagesordnung und dementsprechende Konflikte und Kriege. In allen sechs afrikanischen Hauptherkunftsländern von Flüchtlingen ist dies der Fall: in Somalia, im Sudan, im Süd-Sudan, in der Demokratischen Republik Kongo, in der Zentralafrikanischen Republik und in Eritrea. Somalia, Sudan, Süd-Sudan und Eritrea haben zudem das „Pech", am oder in der Nähe des Horns von Afrika zu liegen, das der Westen wegen seiner Bedeutung für die internationalen Transportwege politisch, militärisch und geheimdienstlich an einer möglichst kurzen Leine führt.

Es geht aber nicht nur um das verderbliche Erbe des Kolonialismus, sondern um höchst aktuelle Formen eines ebenso verderblichen Neokolonialismus.

Der aktuelle Neo-Kolonialismus des Westens

In seinem Aufsatz „*Die politische Ökonomie der Flüchtlingsbewegung*" stellt Slavoj Zizek die Frage: „Warum gelingt es den Afrikanern nicht, ihre Gesellschaften zu ändern?" Und gibt die Antwort: „Weil wir Westeuropäer sie daran hindern." (Zizek 2015, S. 37f) Im globalen Maßstab, über Afrika hinaus, ist es der gesamte Westen, der Block USA-EU, der die Länder des Südens daran hindern will und weithin effektiv hindert, ihre Probleme selbständig und zu ihren Gunsten zu lösen. Die Verfahren sind mannigfaltig.

Ethnische und religiöse Konflikte werden vom Westen in zerstörerische Kriege umgemünzt, widerborstige Staaten werden zu „fehlgeschlagenen" gemacht.

Im Kongo geht es um die illegale Ausbeutung natürlicher Ressourcen – Gold, Diamanten, Kupfer, Koltan, Kobalt – durch globale Konzerne. Der Kongo existiert nicht mehr als einheitlicher Staat, sondern besteht aus einer Vielzahl von Territorien, die von Warlords beherrscht werden. Mit diesen Warlords kooperieren die Konzerne. Schon 2006 berichtete das Time-Magazin, dass die Kämpfe innerhalb der letzten zehn Jahre vier Millionen Menschen das Leben gekostet hatten. „Wenn man die ausländischen Hightech-Firmen aus der Gleichung streicht, fällt das ganze Kartenhaus der ethnischen Konflikte, die vorgeblich von alten Leidenschaften getrieben werden, in sich zusammen." (A.a.O., S. 40f) Nach demselben Muster verläuft der anhaltende Bürgerkrieg in der Zentralafrikanischen Republik. Angeblich steht hier der christliche Süden gegen den muslimischen Norden. Die blutige Ironie des globalen Kapitalismus führt aber dazu, dass Frankreich, mit den Muslimen verbündet, gegen China, mit den Christen verbündet, um die Kontrolle über das Öl kämpft. Es handelt sich weniger um „ethnischen Hass", der hier zur Entladung kommt, als vielmehr um den Kampf globaler Konkurrenten. (A.a.O., S. 37f)

Derselbe Grund gilt für die "failed states", die fehlgeschlagenen Staaten. Ob Afghanistan oder der Irak, Libanon, Somalia, Kongo, Eritrea, Mali oder nun das zentrale Problem Syrien – sie alle sind zurück zu führen auf die Interventionen und oft auf direkte militärische Überfälle der westlichen Staaten. Das Fehlschlagen dieser Staaten ist kein zufälliges Unglück, sondern ein Verfahren zur Durchsetzung imperialistischer Interessen.

„Freihandel", Verlust der Versorgungsunabhängigkeit im Süden

Ein fundamentaler Mechanismus des neuen Imperialismus besteht darin, die Länder des Südens auf eine Art in die globale Wirtschaft zu integrieren, dass sie ihre Versorgungsunabhängigkeit verlieren, die Landwirtschaft auf Exporte ausgerichtet wird und die eigenen Länder auf Lebensmittelimporte angewiesen sind. Wesentlicher Treiber dieser Entwicklung waren die zentralen Institutionen des globalen Kapitalismus Internationaler Währungsfonds und Weltbank. Sie vergaben ihre Kredite nur bei Akzeptanz dieser Regeln. Die Tausenden bilateralen und internationalen Freihandelabkommen – wie u.a. NAFTA (Nordamerikanisches Freihandelsabkommen) oder die EPAs der EU (Economic Partnership Agreement) mit afrikanischen Ländern legten allesamt diesen Weg fest.

Mit den EPA-„Freihandelsabkommen" werden die afrikanischen Länder zu einer radikalen Marktöffnung für EU-Importe gezwungen. Im Gegenzug sollen die afrikanischen Länder Zugang zu europäischen Märkten erhalten. Doch ist die Wirtschaft Afrikas dem Wettbewerb mit Industrie-, Handels- und Agrarmultis Europas natürlich nicht gewachsen. Diese Art von "Freihandel" legt den Sieg der West-Konzerne über die Wirtschaften des Südens fest. Beispiele für die ruinösen Eingriffe in die Wirtschaft des Südens: Zerschlagung der Geflügelwirtschaft Ghanas, die europäischen Fischfangflotten vernichten einheimische Fischereiwirtschaft, der Westen sorgt auch mit gezieltem Agrarprotektionismus für den Ruin der afrikanischen kleinbäuerlichen Konkurrenten. Dieser Ausplünderung dient vor allem eine entsprechende Kreditvergabe, neuerdings findet Landgrabbing als Enteignung statt.

Flüchtlingsherkunft Balkan: Die Folgen der Nato-Kriege

Der Hauptgrund für diese Flüchtlingsbewegung liegt in der militärischen Zerstückelung Jugoslawiens durch die Nato. Seit 1992 hat die Nato 10 verschiedene „Militäroperationen", also Kriege gegen Jugoslawien geführt. Die Nato konzentrierte sich zunächst auf die Zerschlagung Jugoslawiens und dann auf die Durchsetzung abhängiger Regime in den neuen Staaten. Ihrer Einverleibung in den westlichen Wirtschafts- und Militärzusammenhang hat ihnen nicht geholfen, im Gegenteil Krisen jeglicher Art gefördert.

Die Klima-Katastrophe – Ursache der kommenden, größten Völkerwanderung aller Zeiten

Schon 2007 legte Greenpeace eine Studie mit dem alarmierenden Titel vor: „Klimaflüchtlinge. Die verleugnete Katastrophe." Die Organisation, eine der schlagkräftigsten NGOs im Kampf um eine bessere, nachhaltig geschützte Umwelt, bekräftigt aktuell ihre Ergebnisse: Heute gibt es bereits über 20 Millionen Klimaflüchtlinge. Geht die Umweltzerstörung wie bisher weiter, werden im Jahr 2040 200 Millionen Menschen ihre Heimatregionen verlassen haben. Besonders betroffen sind die Sahel-Zone in Afrika, Bangladesh und viele Inseln im Südpazifik. (Greenpeace, Presseerklärung)

Die Studie belegt, dass der menschengemachte Klimawandel „wie ein Katalysator den Wassermangel, Hunger, die Destabilisierung und gewalttätige Konflikte noch verschärfen" wird. Die Frage der Klimaflüchtlinge weist nach Ansicht von Greenpeace „in unerträglicher Form auf eine doppelte Ungerechtigkeit hin ... Während die Ärmsten dieser Welt, die an der Klimaveränderung unschuldig sind, als Erste heftig durch die Erderwärmung getroffen werden, verleugnen die Industriestaaten als Hauptverursacher bisher die Existenz der Klimaflüchtlinge und schotten sich mit geltendem Flüchtlingsrecht dagegen ab."

Die Umweltkatastrophen verschärfen andere Ursachen wie Armut, Krieg, ethnische Konflikte. So sind die Fluchtbewegungen in Mali, Kenia, Sudan, Darfur nicht allein auf ethnische Konflikte oder allein auf Umweltveränderungen zurückzuführen. Doch die Klimakatastrophen verschärfen das Elend und den Kampf um knapper werdende Lebensgüter und heizen so Konflikte und Kriege an. Das gilt im Übrigen auch für Syrien, wo die Kämpfe und die Fluchtbewegungen nicht zuletzt infolge der anhaltenden Dürre der letzten Jahre anschwollen.

Flucht und Terror und die Rolle des Islam

Allenthalben ist zu hören, man solle die Felder „Flüchtlinge" und „Terror" nicht vermengen. Meist ist das gut gemeint. Das Motiv vieler ist, man möge in Flüchtlingen nicht den potenziellen Terroristen sehen, sondern den beistandsbedürftigen Menschen in Not. So positiv und humanistisch diese Perspektive ist, so übersieht sie eines: Flucht und Terror weisen einen inneren Zusammenhang auf. Sie sind Ergebnis derselben Ursachen. Und auch die Urheber, die Schuldigen sind dieselben. (Vgl. Schuhler 2015, S. 91 ff)

In den wie in anderen von Flucht und Terror geprägten Ländern sind stets islamistische Terrorgruppen aktiv. In Irak und Syrien der IS, in Afghanistan und Pakistan al-Qaida und die Taliban, in Nigeria Boko Haram. Am Horn von Afrika, vor allem in Somalia, ist Al-Shabaab die bestimmende Widerstandsgruppe. Alle diese Gruppen sind salafistisch-wahhabitisch und werden finanziert von Saudi-Arabien und Katar. Das Problem Islam stellt sich für den Westen vor allem deshalb, weil es islamisch bestimmte Gesellschaften sind, die einen Großteil der wichtigsten Ressourcen, Erdöl und Erdgas, kontrollieren. Sie besetzen wichtige Positionen an den globalen Transportwegen. Sie können also entscheidend in den Ablauf der globalen Wirtschaft eingreifen. Deshalb suchen die Strategen des globalen Kapitals die Kooperation auch mit den reaktionärsten islamischen Regimes. Gleichzeitig entwickelt sich im Schoß des Islamismus in Afrika, in Asien und auch in Europa eine Kraft, die sich gegen die einheimischen Eliten und gegen den Westen richtet. (A.a.O., S. 57 ff)

Menschen aus vom Krieg und Elend betroffenen Ländern müssen in der Welt der Reichen zum großen Teil in sozial minder ausgestatteten Ghettos in den Banlieues, den Vor- und Randstätten der Großstädte leben. Dies ist nicht nur unmenschlich, sondern sorgt für den ständigen Nachschub für terroristische Gruppen. Die Lösung der Flüchtlingsfrage fällt zusammen mit der Lösung des Terrorproblems.

Dieser Gleichsetzung von Islam und Terror widersprach unter anderen Jürgen Todenhöfer, der frühere CDU-Bundestagsabgeordnete: „Es waren keine Muslime, die den ‚heiligen Krieg' erfanden und auf Kreuzzügen über vier Millionen Muslime und Juden niedermetzelten. Es waren Christen, die in Jerusalem ‚bis zu den Knöcheln im Blut wateten, bevor sie glücklich weinend' zum Grab des Erlösers schritten. Es waren auch keine Muslime, die im Namen der Kolonisierung Afrikas und Asiens 50 Millionen Menschen massakrierten. Es waren keine Muslime, die den Ersten und Zweiten Weltkrieg mit fast 70 Millionen Toten anzettelten. Und es waren keine Muslime, sondern wir Deutsche, die zehn Millionen Slawen und sechs Millionen Juden, Mitbürger, Nachbarn und Freunde, feige und schändlich ermordeten." (Todenhöfer 2015, S. 21).

Weder aus der Geschichte von Terror und Gewalt noch aus seinen theologischen Bestimmungen (siehe Schuhler 2015, S. 63 ff) ist der Islam „terror-affin". Im islamischen Glaubensbekenntnis (Schahada) heißt es: „Ich bezeuge, dass es keine Gottheit außer Gott gibt und dass Mohammed der Gesandte Gottes ist." Die Betonung der Einzigartigkeit ihres Gottes liegt im Wesen jeder monotheistischen Religion. In den Geboten des Christentums wird gefordert: „Du sollst keine fremden (anderen) Götter neben mir haben." (Erstes der Zehn Gebote) Das widerspricht nicht der Meinungs- und Religionsfreiheit (andernfalls wäre jede monotheistische Religion wie Christentum, Judentum und Islam zu verbieten).

Der Islamismus war die Übersetzung des Islam in den Kampf gegen den Kolonialismus. Heute ist er in der islamischen Welt zu einem ernsten Hindernis für das globale Ausbeutungssystem des westlichen Kapitalismus geworden.

Terrorismus als Alibi für Krieg und Demokratieabbau

Terror und Terrorismus sind längst zu Alibi-Formeln für Kriege und Hochrüstung wie für beschleunigten Demokratieabbau geworden. Das deutsche Bundesinnenministerium erklärt: „Für die Sicherheit der Bundesrepublik Deutschland und der westlichen Staatengemeinschaft ist und wird auf absehbare Zeit der islamistisch motivierte internationale Terrorismus die virulenteste Bedrohung und eine der größten Herausforderungen für die Sicherheitsbehörden bleiben." (bmi. de/DE/Themen/Sicherheit/sicherheit_node.html)

Was für die Sicherheitspolitik im Inneren gilt, zählt geradeso für die Militärstrategie. „Terroristische Anschläge stellen die unmittelbarste Herausforderung für unsere Sicherheit dar. Dieses Risiko nimmt durch die Radikalisierung von Sympathisanten sowie die

Rückkehr gewaltbereiter Kämpfer aus Krisen- und Konfliktgebieten (sogenannter "foreign fighters") nach Deutschland und in die EU-Mitgliedstaaten und damit zumeist auch in den Schengenraum weiter zu und bewegt sich an der Grenze zwischen äußerer und innerer Sicherheit." (BMVG, Weißbuch zur Sicherheitspolitik und zur Zukunft der Bundeswehr 2016, S. 34) Ganz in diesem Sinn der Bewegung „an der Grenze zwischen äußerer und innerer Sicherheit" wirft das Weißbuch die Frage nach der Zulässigkeit von Einsätzen der Bundeswehr im Inneren auf, die letzten Endes bejaht wird. Die Probleme, die der Terror für die innere und die internationale Sicherheit bereitet, sind nicht zu leugnen. Aber es sind die fundamentalen Fragen zu stellen: Was sind die Gründe für den Terror? Was ist Ursache, was ist Wirkung? Denken wir an die Erkenntnis von Peter Ustinow: Krieg ist der Terror der Reichen gegen die Armen; Terror ist der Krieg der Armen gegen die Reichen. Und fragen wir uns dementsprechend, ob ständige „militärische Interventionen" nicht eher wachsenden Terrorismus zur Folge haben. Diese Kriege der Nato-Mächte dämmen in Wahrheit nicht Ursachen des Terrors ein, sie schaffen neue und verschärfen die alten. Und: Wie groß ist die Gefahr tatsächlich, die von den Zuwanderern für unsere innere Sicherheit ausgeht?

Vom „Krieg gegen den Terror" über „R2P" bis „Frontex" und „Operation Sophia" – die Militarisierung der internationalen Politik

Der Krieg gegen Hussein und Gaddafi war ein Meilenstein auf dem Weg zur Militarisierung der internationalen Politik, wurde der Angriff doch damit legitimiert, dass das Gaddafi-Regime nicht mehr imstande sei, seine Bürger gegen Menschenrechtsverletzungen zu schützen. Wenn ein Staat dazu nicht mehr fähig sei, habe die internationale Gemeinschaft das Recht, zum Schutz der bedrohten Bevölkerung einzugreifen. (Responsibiliy to Protect, R2P, vgl. Ganser 2016, S. 247). In der UN-Charta ist hingegen das Prinzip der Nichteinmischung in die inneren Angelegenheiten eines Staates verankert. (Artikel 2)

R2P erlaubt es den dominanten Mächten, Menschenrechte überall nach ihrer Facon auszulegen – erforderlich wäre eigentlich die Zustimmung einer „legitimen Autorität", in der Regel des Sicherheitsrats der UN – und mit militärischen Mitteln durchzusetzen. So sieht sich auch Syrien im Visier von R2P. Doch treffen hier die dominanten Kräfte des Westens auf eine starke Oppositionskraft, auf Russland und den Iran. Mit der Verschiebung der globalen Machtverhältnisse werden „Schutzverantwortung" und „Antiterrorkampf" zu militärischen Instrumenten im Kampf um globale Vormachtstellung. Die lokalen Terror- und Antiterrorkämpfe werden zu Stellvertreterkriegen. Die Übergänge zu größeren Kriegen rücken näher.

Besonders intensiv nützen die Nato und vor allem die Bundeswehr die Migrations- und Terrorismusbekämpfung, um im gesamten Mittelmeer eine permanente militärische Präsenz aufzubauen. Dazu zählen die Grenzschutzagentur Frontex und das Europäische Grenzüberwachungssystem Eurosur und zahlreiche Marinemissionen: die UNIFIL-Mission vor der Küste Libanons, die gegen den IS gerichtete Operation Inherent Resolve und drei weitere Operationen im Mittelmeer. „Damit erhält die Bundeswehr gemeinsam mit Militärverbänden weiterer Staaten das Recht, den kompletten See- und Luftraum des Mittelmeers zu patrouillieren. Die Migrationskontrolle wird zum Mittel für die Durchsetzung wirtschaftlicher und geopolitischer Interessen der Großmacht Deutschland – auf Kosten Tausender Menschenleben." (Jacqueline Andres, Eine unendliche Mission. IMI-Analyse 2016/39. Informationsstelle Militarisierung (IMI), www.imi-online.de)

Was tun? Wie ist das neoliberale globale System zu stoppen?

Dass der kapitalistische Westen Kriege und „Interventionen" gegen den Süden führt, dass er global und in den eigenen Ländern für immer mehr Armut sorgt, dass er mit seiner Lebens- und Produktionsweise die natürliche Umwelt für den Menschen immer mehr ruiniert, das sind keine Perversionen des Kapitalismus, sondern die logischen Auswüchse der Imperative dieses Systems. Wenn Profit Vorfahrt hat vor Menschen- und Völkerrecht und wenn kapitalistischer Konkurrenzkampf in globalen Dimensionen schonungslos geführt wird, dann werden von diesen Kräften – Institutionen, Militärs, Medien – soziale oder ökologische oder zum Frieden mahnende Forderungen und Ansprüche bekämpft und untergepflügt. Flüchtlinge sind also der Preis des globalen Kapitalismus, für den die Einschätzung von Papst Franziskus gilt: „Diese Wirtschaft tötet."(Papst Franziskus: Apostolisches Schreiben Evangelii Gaudium) Daniela Dahn nennt dies die „strukturelle Gnadenlosigkeit des Westens".

Nun wird der Kapitalismus nicht aus eigenem Antrieb ans Aufhören denken. Er wird weitermachen, mit seiner Profitheckerei, seinen Kriegen, seiner florierenden Produktion von Profit, Armut, Perspektivlosigkeit und Tod. Man muss ihn dazu zwingen, seine Logik aufzugeben. Wer ist dieses „man"?

Slavoj Zizek bezeichnet die Auseinandersetzung um Flucht und Terror zu Recht als den „neuen Klassenkampf". Rosa Luxemburg formulierte einst, was auf dem Spiel stand: „Sozialismus oder Barbarei". Heute wäre es zu übersetzen in: solidarische Gesellschaften oder globale Barbarei. Die Hauptursache der großen Flucht, die Kriege, ist nur einzudämmen, wenn eine wachsende Friedensbewegung sich der Kriegspolitik entgegen stemmt. Ähnlich stellt sich die Aufgabe auf dem Feld ausreichender materieller, sozialer und ökologischer Lebensbedingungen für alle Erdenbewohner.

Literatur

Dahn, Daniela: Der Schnee von gestern ist die Flut von heute. In: Anja Reschke (Hg.), Und das ist erst der Anfang. Reinbek bei Hamburg 2015, S. 88f).
BMVG (2016): Weißbuch zur Sicherheitspolitik und zur Zukunft der Bundeswehr. www.bmvg.de/resource/blob/13708/015be272f8c0098f1537a491676 bfc31/weissbuch2016-barrierefrei-data.pdf
Ganser, Daniele: Illegale Kriege. Wie die NATO-Länder die UNO sabotieren. Eine Chronik von Kuba bis Syrien. Zürich 2016.
Greenpeace: Klimaflüchtlinge. Die verleugnete Katastrophe. www.greenpeace. de/themen/klimawandel/folgen-des-klimawandels /studie-klimafluechtlinge-die-verleugnete-katastrophe
Greenpeace: Presseerklärung. www.greenpeace.de/presse/presseerkl%C3% A4rungen/ 200-millionen-klimafluechtlinge-bis-2040
Institute for Economics and Peace: 2016 Global Peace Index. economicsandpeace.org/reports
Institute for Economics and Peace: Global Terrorism Index 2015.
Lessenich, Stephan: Neben uns die Sintflut. Berlin 2016.

Papst Franziskus: Apostolisches Schreiben Evangelii Gaudium. w2.vatican.va/content/francesco/de/apost_exhortations.index.html
Scheer, Claus (2016): isw-Report 104, S. 11.
Schmid, Fred (2016): isw-Report 104, S. 3.
Schuhler, Conrad: Die große Flucht. Köln 2016.
Schuhler, Conrad: Alles Charlie oder was. Religionskritik – Meinungsfreiheit oder Schmähung? Köln 2015.
SIPRI Yearbook 2015. www.sipri.org/yearbook/2015/downloadable-files/sipri-yearbook-2015-summary-pdf
Todenhöfer, Jürgen: Inside IS – 10 Tage im Islamischen Staat. München 2015
United Nations High Commissioner for Refugees (UNHCR): Global Trends 2015. Unchr.de.global_trends_2015.pdf
United Nations Development Programme (UNDP): Human Development Index. Undp.org.2015_statistical_abstracts_tables_all
Wernicke, Jens: Illegale Kriege. Interview mit Daniele Ganser. NachDenkSeiten, 14.10.16. www.nachdenkseiten,de/?p=35408
Zizek, Slavoj: Der neue Klassenkampf. Die wahren Gründe für Flucht und Terror. Berlin 2015.
Weitere Informationen:
isw München – sozial-ökologische Wirtschaftsforschung e.V.
www.isw-muenchen.de

Christoph Butterwegge

Die soziale Entwicklung und der Aufschwung des Rechtspopulismus

Seit geraumer Zeit feiern rechtspopulistische Organisationen, Parteien und „Bürgerbewegungen" fast überall in Europa große (Wahl-)Erfolge, zuletzt auch in der Bundesrepublik, wo die Alternative für Deutschland (AfD) aufgrund ihrer bei der Parlamentswahl am 24. September 2017 gewonnenen 12,6 Prozent der Zweitstimmen nach Bildung einer neuerlichen Großen Koalition von CDU, CSU und SPD am 12. März 2018 zur größten Oppositionspartei avancierte. Sowohl im Bundestag wie auch in den Landtagen fällt die AfD durch provokative Auftritte, Verbalradikalität und minderheitenfeindliche Inhalte auf (vgl. hierzu: Butterwegge u.a. 2018a).

Kontrovers debattiert wird die Frage nach den gesellschaftlichen Ursachen dieser Entwicklung, von deren Beantwortung nicht zuletzt abhängt, welche Gegenstrategie man zwecks Eindämmung oder Zurückdrängung des Rechtspopulismus favorisiert (vgl. hierzu und zum Folgenden: Butterwegge u.a. 2018b). Hier sollen zunächst die Erscheinungsformen, Begleiterscheinungen und Ursachen der sich vertiefenden Kluft zwischen Arm und Reich skizziert werden, wobei die Reformen der „Agenda 2010" im Mittelpunkt stehen. Danach wird herausgearbeitet, welche Spielarten dieser Denkrichtung es gibt und dass sie bereits in der sog. Sarrazin-Debatte zum Ausdruck kamen. Abschließend sollen Ansätze für eine den Rechtspopulismus, den Rassismus und den Nationalismus schwächende Gegenstrategie entwickelt werden.

Vom Aufstiegsversprechen zur sozialen Abstiegsangst

In der Bundesrepublik galt jahrzehntelang das soziale Aufstiegsversprechen, dem sich auch ihr wirtschaftlicher Erfolg verdankte: „Wer sich anstrengt, fleißig ist und etwas leistet, wird mit lebenslangem Wohlstand belohnt." Aufgrund der globalen Finanzkrise seit 2007/08 ist es der Angst vieler Mittelschichtangehöriger gewichen, trotz guter beruflicher Qualifikation und harter Arbeit sozial abzusteigen. Da die soziale Aufstiegsmobilität spürbar nachgelassen hat, ohne dass man von einer „Abstiegsgesellschaft" sprechen kann, wie dies Oliver Nachtwey (2016) tut, saugen Gruppierungen wie die „Patriotischen Europäer gegen die Islamisierung des Abendlandes" (PEGIDA) Honig aus der zunehmenden Verteilungsschieflage, die ihre demagogische Propaganda als Ergebnis der Machenschaften einer korrupten Elite und einer Welle der Zuwanderung in die deutschen Sozialsysteme missdeutet.

Vor allem ideologisch, agitatorisch und propagandistisch weisen PEGIDA und die Alternative für Deutschland (AfD) viele Gemeinsamkeiten auf, weshalb sie als Verbündete in einem rechtsextremen bzw. rechtspopulistischen Bewegungskomplex fungieren (vgl. Becher u.a. 2015; Funke 2016). Seitdem die AfD mit dem Kampf gegen den Euro und die Maßnahmen zu seiner „Rettung" ihre Gründungsagenda hinter sich gelassen, nach dem neoliberalen Führungspersonal um den Parteigründer Bernd Lucke auch die Übergangsvorsitzende Frauke Petry der Partei den Rücken gekehrt und sich die Mitgliedschaft in einem jahrelangen Häutungsprozess radikalisiert hat, ähnelt sie im Bundestag und in den Landtagen dem parlamentarischen Arm von PEGIDA (vgl. dazu: Bebnowski 2015; Häusler/Roeser 2015; Häusler 2016).

Das jahrzehntelang durch ein hohes Maß an Stabilität und Kontinuität gekennzeichnete politische Regierungs- und Parteiensystem der Bundesrepublik franst in jüngster Zeit aus, womit es sich wiederum der Sozialstruktur angleicht, wo sich eine Ausdifferenzierung, Polarisierung bzw. Fragmentierung beobachten lässt, die auch im internationalen Vergleich extrem stark ausgeprägt ist. „In Deutschland sind Reichtum und Wohlstand nicht nur auf eine kleinere Bevölkerungsgruppe begrenzt als in anderen Ländern, sondern diese kleine Gruppe der Reichen hält auch einen deutlich größeren Anteil des Gesamtvermögens im Land." (Fratzscher 2016, S. 47)

Wie im Fünften Armuts- und Reichtumsbericht trotz mancher Verharmlosungs-, Relativierungs- und Rechtfertigungsbemühung der Bundesregierung erneut dokumentiert, zeigt sich die Verteilungsschieflage vornehmlich beim Vermögen, das sich zunehmend bei wenigen Hyperreichen konzentriert, die über riesiges Kapitaleigentum verfügen und meistens auch große Erbschaften machen.

Während die reichsten 10 Prozent der Bevölkerung nach Regierungsangaben 51,9 Prozent des Nettogesamtvermögens besitzen, kommt die ärmere Hälfte der Bevölkerung gerade mal auf 1 Prozent (BMAS 2017, S. 130 und 507 f.). Stellt man die statistische Unsicherheit bei der Erfassung von Hochvermögenden in Rechnung, dürfte die reale soziale Ungleichheit noch viel größer sein, als es solche Zahlen erkennen lassen. Jedenfalls schätzt das Deutsche Institut für Wirtschaftsforschung (DIW), dass sich ein Drittel (31 bis 34 Prozent) des Gesamtvermögens beim reichsten Prozent der Bevölkerung und zwischen 14 und 16 Prozent des Gesamtvermögens beim reichsten Promille der Bevölkerung konzentrieren (vgl. Westermeier/Grabka 2015). Über 40 Mio. Menschen leben hingegen quasi von der Hand in den Mund – pointiert formuliert: Sie sind nur eine Kündigung oder eine schwere Krankheit von der Armut entfernt.

Einer fortschreitenden Prekarisierung der Arbeit (Zunahme von geringfügiger Beschäftigung und von Teilzeit-, Leih- bzw. Zeitarbeit) sowie einer Pauperisierung großer Teile der Bevölkerung steht die Explosion von Unternehmensgewinnen und Aktienkursen gegenüber, d.h. eine weitere Konzentration von Kapital und Vermögen bei Wohlhabenden und Reichen (vgl. dazu: Piketty 2015; Fratzscher 2016; Butterwegge 2016 und 2018a). Diese soziale Polarisierung ist maßgeblich auf die öffentliche Meinungsführerschaft des Neoliberalismus und davon beeinflusster Reformen zurückzuführen. Hier seien Entwicklungsprozesse in drei Kernbereichen des Wirtschafts- und Gesellschaftssystems angeführt:

1. Durch die Teilprivatisierung der Altersvorsorge und die Einführung der Riester-Rente kurz nach der Jahrtausendwende, also schon vor Gerhard Schröders berühmt-berüchtigter Bundestagsrede, die den Namen „Agenda 2010" trägt, wurde der Sozialstaat im Allgemeinen und die Gesetzliche Rentenversicherung im Besonderen demontiert (vgl. hierzu: Butterwegge u.a. 2012). Trotz jahrzehntelanger Beschäftigung und Beitragszahlung können Arbeitnehmer/innen ihren Lebensstandard im Alter damit nicht mehr halten. Denn das Sicherungsniveau vor Steuern ist von seinerzeit 53 Prozent auf 48 Prozent des Durchschnittsverdienstes heute gesunken. 43 Prozent kann es im Jahr 2030 erreichen, ohne dass die Bundesregierung eingreifen muss.

2. Durch die Deregulierung des Arbeitsmarktes wurde der Niedrig-

lohnsektor, in dem mittlerweile fast ein Viertel aller Beschäftigten tätig sind, zum Haupteinfallstor für Erwerbs-, Familien- bzw. Kinder- und spätere Altersarmut. Mit den „Agenda"-Reformen wurde der Kündigungsschutz gelockert, die Leiharbeit liberalisiert und die Lohnarbeit prekarisiert (Einführung von Mini- und Midijobs sowie Erleichterung von Werk- und Honorarverträgen). Die mit Hartz IV verschärften Zumutbarkeitsregelungen und drakonische Sanktionen der Jobcenter insbesondere für Unter-25-Jährige, denen nach zwei Pflichtverletzungen (z.B. Ablehnung eines Bewerbungstrainings und Abbruch einer Weiterbildungsmaßnahme) die Geldleistung entzogen und die Miete nicht mehr bezahlt wird, setzten auch Belegschaften, Betriebsräte und Gewerkschaften unter enormen Druck. Unter dem Damoklesschwert von Hartz IV akzeptierten diese eine Verschlechterung der Arbeitsbedingungen und eine Senkung der (Real-)Löhne (vgl. hierzu: Butterwegge 2018b, S. 207 ff.). Niedrige Löhne, beispielsweise von Leiharbeitern in der Automobilindustrie, führen zu hohen Unternehmensgewinnen. So bezogen die reichsten Geschwister der Bundesrepublik, Stefan Quandt und Susanne Klatten, aus BMW-Aktien im Frühsommer 2018 für das Vorjahr eine Rekorddividende in Höhe von 1,126 Mrd. Euro.

3. Mit der Agenda 2010 war auch eine tiefgreifende Reform der Einkommen- und der Unternehmensbesteuerung verbunden, die nicht unwesentlich zur Vertiefung der Kluft zwischen Arm und Reich beigetragen hat. Hohe (Kapital-)Einkommen und Unternehmensgewinne werden seither geringer als je seit 1945 besteuert, während die Rot-Grün folgende erste Große Koalition unter Angela Merkel die Mehrwertsteuer von 16 auf 19 Prozent erhöhte, obwohl die CDU-Vorsitzende im Wahlkampf nur eine Anhebung um zwei Prozentpunkte gefordert und die SPD gegen diese „Merkel-Steuer" polemisiert hatte (vgl. hierzu: Butterwegge 2018c, S. 165 ff. und 274 ff.).

Standortnationalismus als ideologisches Bindeglied zwischen Neoliberalismus und Rechtspopulismus

Der moderne Rechtspopulismus bzw. -extremismus lässt sich nur im Kontext einer zunehmenden Weltmarktdynamik verstehen (vgl.

hierzu: Butterwegge/Hentges 2008). In diesem Zusammenhang spielt der Neoliberalismus eine Schlüsselrolle (vgl. zu dessen Kritik: Biebricher 2015; Butterwegge u.a. 2017; Schreiner 2017). Durch die Ökonomisierung, Kommerzialisierung und Monetarisierung zwischenmenschlicher Beziehungen wird Tendenzen der Entpolitisierung und Entdemokratisierung massiv Vorschub geleistet, weil die Gesellschaft nicht mehr wie bisher politisch zu gestalten, d.h. demokratisch zu entwickeln ist. Die neoliberale Hegemonie verstärkt mithin nicht nur die soziale Asymmetrie im Finanzmarktkapitalismus, sondern ist auch eine Gefahr für die Demokratie (vgl. dazu: Brown 2015; Lösch 2017).

„Standortnationalismus" nenne ich ein Ideologem, das auf dem Glauben basiert, auf den internationalen Märkten einer „Welt von Feinden" gegenüberzustehen und durch Erfindungsgeist, besondere Tüchtigkeit, größeren Fleiß und/oder mehr Opferbereitschaft die Überlegenheit des „eigenen" Wirtschaftsstandortes unter Beweis stellen zu müssen (vgl. hierzu: Butterwegge u.a. 1998). Hierbei handelt es sich um ein Konkurrenzdenken, das auf die heimische Volkswirtschaft fixiert ist, von der Bevölkerungsmehrheit einen Verzicht auf Wohlstandszuwächse fordert und eine primär die internationale Wettbewerbsfähigkeit steigernde (Regierungs-)Politik favorisiert.

Herbert Schui u.a. (1997) haben zahlreiche Parallelen zwischen dem Neoliberalismus und dem Rechtsextremismus herausgearbeitet und deren Geistesverwandtschaft nachgewiesen. Neoliberale reduzieren den Menschen auf seine Existenz als Marktsubjekt, das sich im Tauschakt selbst verwirklicht. Letztlich zählt für sie nur, wer oder was ökonomisch verwertbar und gewinnträchtig ist. Aufgrund dieses ausgeprägten Utilitarismus, seines betriebswirtschaftlichen Effizienzdenkens, seiner Leistungsfixierung und seines Wettbewerbswahns bietet der Neoliberalismus nicht bloß Topmanagern ihren Alltagserfahrungen im Berufsleben entsprechende Orientierungsmuster, sondern auch ideologische Anschlussmöglichkeiten an den Rechtsextremismus bzw. -populismus.

Noch in einer anderen Hinsicht weisen die Denkstrukturen des Neoliberalismus und des Rechtsextremismus signifikante Übereinstimmungen auf: Beide verabsolutieren geradezu die Höchstleistung, sei es des einzelnen Marktteilnehmers oder der „Volksgemeinschaft" insgesamt, und glorifizieren die Konkurrenz, in der sich

Leistungsstärkere gegenüber Leistungsschwächeren durchsetzen sollen. Darin wurzelt die Notwendigkeit einer (sozialen) Selektion, die mit dem Prinzip der Gleichheit bzw. Gleichwertigkeit aller Gesellschaftsmitglieder im Weltmaßstab unvereinbar ist.

Während der 1980er-Jahre lehnte sich die sog. Neue Rechte fast überall in Europa an den Neoliberalismus an, überbot dessen Marktradikalismus teilweise sogar und fungierte damit als Türöffner für den Standortnationalismus. Hatte der Nationalsozialismus auf Traditionsbewusstsein, überkommene Werte und den Mythos des Reiches gepocht, setzte der moderne Rechtspopulismus eher auf Innovationsbereitschaft, geistige Mobilität und den Mythos des Marktes. Statt der antiliberalen Grundhaltung à la Carl Schmitt war für ihn zunächst eine wirtschaftsliberale Grundhaltung à la Adam Smith kennzeichnend. Weniger einer völkischen Blut-und-Boden-Romantik als der wirtschaftlichen Dynamik verhaftet, ist der Rechtspopulismus stärker markt-, wettbewerbs- und leistungsorientiert. Statt fremder Länder wollte er neue Absatzmärkte erobern. Die ultrarechte Wertetrias, so schien es fast, bildeten nicht mehr Führer, Volk und Vaterland, sondern Markt, Leistung und Konkurrenzfähigkeit. Privatisierung öffentlicher Unternehmen und Dienstleistungen, Deregulierung des Arbeitsmarktes und Flexibilisierung der Beschäftigungsverhältnisse ergaben jene Zauberformel, mit der man die Zukunft des „eigenen" Wirtschaftsstandortes sichern wollte.

Seit den 1990er-Jahren äußern die europäischen Rechtsparteien deutlicher Vorbehalte gegenüber einer Form der Globalisierung, die Massenarbeitslosigkeit produzierte und gleichzeitig die Zuwanderung von Hochqualifizierten forcierte, um den jeweiligen Industriestandort noch leistungsfähiger zu machen. Rechtspopulisten profilierten sich nunmehr als Interessenvertreter der Arbeitnehmer/innen und Erwerbslosen, die von den sozialdemokratischen (Regierungs-)Parteien durch deren Hinwendung zum Neoliberalismus verraten worden seien. Teilweise feierten sie Wahlerfolge mit ungewohnten Tiraden gegen die Öffnung der (Arbeits-)Märkte, den Wirtschaftsliberalismus, Managerwillkür und Standortentscheidungen multinationaler Konzerne. „Selbst rechtsextreme Politikprojekte, die mit dem Neoliberalismus weiter im Bunde sind, bieten auch die Kritik der durch ihn hervorgebrachten gesellschaftlichen Veränderungen." (Kaindl 2006, S. 64)

Nach der globalen Finanzkrise 2007/08 profilierte sich der organisierte Rechtspopulismus verstärkt als Schutzmacht der „kleinen Leute", als Sprachrohr der sozial Benachteiligten und als Retter des Wohlfahrtsstaates. Geschickt verbanden Rechtspopulisten unter Hinweis auf negative Folgen der Globalisierung die soziale mit der „Ausländerfrage", wodurch sie an das Wohlfahrtsstaatsbewusstsein der Menschen anknüpfen und rassistische Ressentiments bedienen konnten (vgl. Kaindl 2013, S. 28). Durch protektionistische Maßnahmen sollten die einheimischen Arbeitnehmer/innen und der Mittelstand vor den negativen Begleiterscheinungen der Globalisierung bewahrt werden.

Christina Kaindl (2005, S. 182) diagnostizierte einen „Umschwung der rechtspopulistischen Parteien von Befürwortern zu Kritikern von Globalisierung und Neoliberalismus", thematisierte allerdings nicht, ob es sich hierbei um eine Richtungsänderung oder bloß um einen taktischen Schachzug handelte. Man kann beim Rechtspopulismus nämlich keinen durchgängigen „Schwenk weg vom Neoliberalismus" (Greven 2006, S. 19) erkennen, sondern höchstens ein zeitweiliges Schwanken im Hinblick darauf, wie bestimmte Wählerschichten am besten zu erreichen sind.

Manchmal changieren rechtspopulistische Organisationen und Personen, etwa in dem Programm einer Partei oder in der Rede eines Politikers, mehrfach zwischen *völkischem* und *Standort*nationalismus, weshalb man auch von einem hybriden Nationalismus sprechen kann. Während der völkische Nationalismus, wie ihn die deutschen und italienischen Faschisten in der Zwischenkriegszeit vertraten, heutige Rechtsextremisten stark anspricht, trifft der Standortnationalismus eher auf eine positive Resonanz innerhalb der bürgerlichen Mitte.

Dimensionen, Erscheinungsformen und Wirkungsebenen des Rechtspopulismus

Populistisch ist jene Gruppierung innerhalb des Rechtsextremismus wie des Brückenspektrums zwischen diesem und dem (National-)Konservatismus zu nennen, die besonders das verunsicherte Kleinbürgertum anspricht, dessen Vorurteile gegenüber dem Wohlfahrtsstaat nährt, Minderheiten abwertende Stammtischparolen aufgreift, den Stolz auf das eigene Kollektiv, die Nation bzw. deren Erfolge auf dem Weltmarkt (Standortnationalismus) mit rassistischer Stimmungsmache oder sozialer Demagogie verbindet und die verständliche Enttäuschung vieler Menschen über das Parteien- bzw. Regierungsestablishment für eine Pauschalkritik an der Demokratie nutzt (vgl. Butterwegge 2008, S. 39 ff.).

Dabei geriert sich der Rechtspopulismus als (partei)politisches Sprachrohr des Volkes – populus heißt auf Lateinisch „das Volk" – und grenzt sich einerseits nach oben und andererseits nach unten ab. Nach oben findet die Abgrenzung gegenüber der „politischen Klasse" und den Etablierten statt, nach unten gegenüber sozial Benachteiligten, heute vor allem gegen Migrant(inn)en muslimischen Glaubens, die angeblich in die Sozialsysteme einwandern und „uns" als fleißige, tüchtige Deutsche, die anständig sind, hintergehen und ausnutzen. Betroffen von Stigmatisierung, Diskriminierung und sozialer Ausgrenzung sind aber auch viele andere Minderheiten, z.B. Erwerbslose, Obdachlose, Homosexuelle und Drogenabhängige.

Zu unterscheiden sind vier Typen des Rechtspopulismus, die sich ohne Ausnahme in den programmatischen Dokumenten der AfD finden:

Da ist erstens der *Sozial*populismus. Während sich die AfD als Retterin des Wohlfahrtsstaates darstellt, bezieht sie Stellung gegen „Drückeberger", „Faulenzer" und „Sozialschmarotzer", die gar nicht „wirklich" arm seien. Hartz-IV-Empfänger/innen klagen angeblich auf hohem Niveau, obwohl sie das Steuergeld hart arbeitender Bürger verprassen.

Den zweiten Typ des Rechtspopulismus kann man als *Kriminal*populismus bezeichnen. Dieser mobilisiert die „anständigen Bürger" gegen den „gesellschaftlichen Abschaum" und inszeniert seine Kampagnen auf dem Rücken von sozial benachteiligten Minderheiten. Er richtet sich gegen Straffällige, plädiert energisch für „mehr Härte" der Gesellschaft im Umgang mit ihnen und nimmt besonders Drogenabhängige, Bettler/innen und Sexualstraftäter ins Visier. Häufig genug spielt die Boulevardpresse dabei eine unrühmliche Rolle als Sprachrohr einer intoleranten und illiberalen Mehrheitsgesellschaft.

Drittens nenne ich es *National*populismus, wenn die deutsche kulturelle Identität und/oder der christliche Glauben als das entscheidende Merkmal hingestellt wird, welches einem Deutschen erlaubt, auf die anderen herabzublicken, sie abzuwehren und Politik gegen sie zu machen, ihnen repräsentative Moscheen zu neiden und möglichst zu verhindern, dass weitere gebaut werden. Dafür zu sorgen, dass sich Muslime in Hinterhöfen verstecken müssen, ist fester Bestandteil einer Politik, wie sie parteiförmig hauptsächlich von der AfD betrieben wird.

Die vierte Form des Rechtspopulismus soll *Radikal*populismus heißen, weil er mit den „Altparteien" das politische System für alle Übel der Gesellschaft verantwortlich macht. Dabei greifen die Rechtspopulisten auf, was fälschlicherweise „Politikverdrossenheit" genannt wird. Tatsächlich handelt es sich um ein Kernproblem der Demokratie, wenn sich Millionen von Bürger(inne)n politisch nicht mehr vertreten fühlen. Der Radikalpopulismus versucht, diese Unzufriedenheit aufzugreifen und für sich auszunutzen, indem er die „rot-grün versifften" Eliten der Alt-68er dafür verantwortlich macht, dass die Bevölkerung mit ihren Interessen nicht zum Zuge kommt.

Ansatzpunkte für Gegenmaßnahmen

In den Reihen der Kritiker/innen und Gegner/innen des europäischen Rechtspopulismus ist umstritten, ob eine sozialpolitische Großoffensive der linken Parteien nötig ist und ob diese ausreicht, um depravierte Bevölkerungsschichten zurückzugewinnen, oder ob identitätspolitische Angebote die Attraktivität der Rechten gesteigert haben, während sich die Linke in der jüngeren Vergangenheit unter Stichworten wie Diversität, Gleichstellung und Antidiskriminierung hauptsächlich für ethnische, religiöse und sexuelle Minderheiten eingesetzt und dabei den Klassenkampf bzw. die Vertretung von Interessen und Bedürfnissen der abhängig Beschäftigten vernachlässigt hat. Der Soziologe und Bestsellerautor Didier Eribon (2016) rät den kritischen Intellektuellen und sozialen Bewegungen in Frankreich, weniger als Modernisierer oder Reformer denn als konsequente Interessenvertreter der Arbeiterklasse zu fungieren. Auch Gerd Wiegel (2017, S. 117) betont, dass die radikale Linke in ihrer Politik die Klassenperspektive stärker betonen müsse, allerdings ohne sie gegen Formen der Emanzipationspolitik ausspielen zu lassen.

Wenn die sich vertiefende Kluft zwischen Arm und Reich den materiellen Nährboden für Rechtspopulismus, Rassismus und Nationalismus bildet, wie unsere Analyse ergeben hat, muss in erster Linie die soziale Ungleichheit bekämpft werden, will man den Einfluss der AfD und ihrer Gesinnungsgenossen auf negativ vom gesellschaftlichen Polarisierungsprozess Betroffene verringern. Das beste Mittel gegen den Rechtspopulismus war und ist eine gute Sozialpolitik, die dafür sorgt, dass niemand Angst vor Arbeitslosigkeit und Armut haben muss. Dies heißt aber keineswegs, dass man sich auf einen Wiederaufbau des Wohlfahrtsstaates beschränken kann, sondern nur, dass die notwendige politisch-ideologische Auseinandersetzung mit dem Rechtspopulismus ein festes materielles Fundament braucht, wenn sie erfolgversprechend sein soll. Darüber hinaus muss die geistig-moralische Auseinandersetzung mit Rechtspopulismus, Standortnationalismus und Wohlstandschauvinismus auf sämtlichen Politikfeldern gesucht werden, die für den gesellschaftlichen Zusammenhang von Bedeutung sind.

In der Auseinandersetzung mit rechtspopulistischen und rassistischen Ideologien sind vier Punkte besonders wichtig: Erstens muss der soziale Gegensatz zwischen Arm und Reich (wieder) deutlicher akzentuiert werden. Das haben die Gewerkschaften, aber auch die Kirchen und Wohlfahrtsverbände in den letzten Jahren zum Teil versäumt. Der Oben-unten-Gegensatz muss wieder stärker konturiert werden. Nur so kann man verhindern, dass der Innen-Außen-Gegensatz greift: Da kommen Flüchtlinge in unser Land und gefährden scheinbar unseren Reichtum oder Wohlstand. Dieser Innen-Außen-Gegensatz kann in der Politik nicht von Rechtspopulisten instrumentalisiert werden, wenn klar ist, dass die Frontlinie nicht kulturalistisch oder religiös zwischen Muslimen und Christen, sondern entlang sozialökonomischer Trennlinien verläuft.

Zweitens muss die neoliberale Standortlogik widerlegt werden, deren Folgen genauso desaströs sind wie die der Blocklogik des Kalten Krieges. Die neoliberale Standortlogik orientiert sich nicht an den (arbeitenden) Menschen, sondern an den Finanzmärkten. Eine demokratische, soziale und humane Politik muss die ökonomischen Rahmenbedingungen in Entscheidungsprozessen berücksichtigen, darf betriebswirtschaftliches Denken, Gewinnstreben und wettbewerbliches Handeln aber nicht verabsolutieren.

Der dritte Ansatzpunkt, welcher ins Auge sticht: Die demokratische muss wieder stärker mit der sozialen Frage verbunden werden. Rechtspopulisten verknüpfen zum Teil sehr geschickt die Nöte von Menschen als soziale Frage mit ihrer Ideologie. Ein Beispiel: Um die Armut deutscher Kinder zu bekämpfen, müssten wir dafür sorgen, heißt es, dass Migrant(inn)en, zumindest solche ohne deutsche Staatsbürgerschaft, kein Kindergeld oder andere Sozialleistungen bekommen. Außerdem müsse eine Politik der Rückkehrförderung stattfinden. Auf diese Weise wird rassistische Politik an den Mann und die Frau gebracht. Das kann man aufbrechen, indem die demokratische mit der sozialen Frage verbunden wird: Nur ein entwickelter Wohlfahrtsstaat ist Garant dafür, dass Demokratie funktioniert, weil Demokratie mehr heißt, als alle vier oder fünf Jahre zu einer Wahlurne zu gehen. Demokratie bedeutet, dass sämtliche Menschen, die in einem Land leben, d.h. alle Wohnbürgerinnen und Wohnbürger einschließlich der Migrant(inn)en ohne deutsche Staatsangehörigkeit gleichermaßen politisch partizipieren und über die Gesellschaftsentwicklung mitentscheiden können. Das ist nicht nur abhängig von der Ausgestaltung des Staatsbürgerschaftsrechts, sondern auch und gerade von sozioökonomischen Voraussetzungen. Denn wie soll eine alleinerziehende Mutter, die fürchtet, am 20. des Monats nichts Warmes mehr auf den Tisch bringen zu können, in politische Willens- und Entscheidungsprozesse eingreifen?

Viertens und letztens: Nötig ist eine Agenda der Solidarität, die jene Bedürfnisse und Interessen in den Mittelpunkt rückt, welche allen sozial benachteiligten Menschen gemeinsam sind, unabhängig von ihrer ethnischen Herkunft, Sprache und Religion. Das ist nicht allein die Aufgabe derjenigen Organisationen in unserer Gesellschaft, die unterprivilegierte Gruppen vertreten, sondern zudem die aller Personen, die aus christlichen Motiven, aufgrund humanistischer Ideale oder in der Tradition der Arbeiter- und Gewerkschaftsbewegung für eine Gesellschaft eintreten, die frei ist von Diskriminierung, Rassismus und Sozialdarwinismus, für eine Gesellschaft, in der alle Menschen würdevoll leben können.

Quellen- und Literaturverzeichnis

Bebnowski, David (2015): Die Alternative für Deutschland. Aufstieg und gesellschaftliche Repräsentanz einer rechten populistischen Partei, Wiesbaden

Becher, Phillip/Begass, Christian/Kraft, Josef (2015): Der Aufstand des Abendlandes. AfD, PEGIDA & Co.: Vom Salon auf die Straße, Köln.

Biebricher, Thomas (2015): Neoliberalismus zur Einführung, 2. Aufl. Hamburg.

BMAS – Bundesministerium für Arbeit und Soziales (Hg.) (2017): Lebenslagen in Deutschland. Der Fünfte Armuts- und Reichtumsbericht der Bundesregierung, Bericht, Bonn .

Brown, Wendy (2015): Die schleichende Revolution. Wie der Neoliberalismus die Demokratie zerstört, Berlin.

Butterwegge, Christoph/Hickel, Rudolf/Ptak, Ralf (1998): Sozialstaat und neoliberale Hegemonie. Standortnationalismus als Gefahr für die Demokratie, Berlin.

Butterwegge, Christoph (2008): Definitionen, Einfallstore und Handlungsfelder des Rechtspopulismus, in: ders./Gudrun Hentges (Hg.), Rechtspopulismus, Arbeitswelt und Armut. Befunde aus Deutschland, Österreich und der Schweiz, Opladen/Farmington Hills, S. 11–77.

Butterwegge, Christoph (2016): Armut in einem reichen Land. Wie das Problem verharmlost und verdrängt wird, 4. Aufl. Frankfurt am Main/New York.

Butterwegge, Christoph (2018a): Armut, 3. Aufl. Köln.

Butterwegge, Christoph (2018b): Hartz IV und die Folgen. Auf dem Weg in eine andere Republik?, 3. Aufl. Weinheim/Basel.

Butterwegge, Christoph (2018c): Krise und Zukunft des Sozialstaates, 6. Aufl. Wiesbaden.

Butterwegge, Christoph/Bosbach, Gerd/Birkwald, Matthias W. (Hg.) (2012): Armut im Alter. Probleme und Perspektiven der sozialen Sicherung, Frankfurt am Main/New York.

Butterwegge, Christoph/Hentges, Gudrun (Hg.) (2008): Rechtspopulismus, Arbeitswelt und Armut. Befunde aus Deutschland, Österreich und der Schweiz, Opladen/Farmington Hills.

Butterwegge, Christoph/Hentges, Gudrun/Wiegel, Gerd (2018a): Rechtspopulisten im Parlament. Provokation, Agitation und Propaganda der AfD, Frankfurt am Main.

Butterwegge, Christoph/Hentges, Gudrun/Lösch, Bettina (Hg.) (2018b): Auf dem Weg in eine andere Republik? – Neoliberalismus, Standortnationalismus und Rechtspopulismus, Weinheim/Basel.

Butterwegge, Christoph/Lösch, Bettina/Ptak, Ralf (2017): Kritik des Neoliberalismus, 3. Aufl. Wiesbaden.

Eribon, Didier (2016): Rückkehr nach Reims, 4. Aufl. Berlin.

Fratzscher, Marcel (2016): Verteilungskampf. Warum Deutschland immer ungleicher wird, München.

Funke, Hajo (2016): Von Wutbürgern und Brandstiftern: AfD – Pegida – Gewaltnetze, Berlin.
Greven, Thomas (2006): Rechtsextreme Globalisierungskritik: Anti-globaler Gegenentwurf zu Neoliberalismus und Global Governance, in: ders./Thomas Grumke (Hg.), Globalisierter Rechtsextremismus? – Die extremistische Rechte in der Ära der Globalisierung, Wiesbaden, S. 15–29.
Häusler, Alexander/Roeser, Rainer (2015): Die rechten „Mut"-Bürger. Entstehung, Entwicklung, Personal und Positionen der „Alternative für Deutschland", Hamburg.
Häusler, Alexander (Hg.) (2016): Die Alternative für Deutschland. Programmatik, Entwicklung und politische Verortung, Wiesbaden.
Kaindl, Christina (2005): Rechtsextremismus und Neoliberalismus, in: dies. (Hg.), Kritische Wissenschaften im Neoliberalismus, Marburg, S. 180–200.
Kaindl, Christina (2006): Antikapitalismus und Globalisierungskritik von rechts. Erfolgskonzepte für die extreme Rechte?, in: Peter Bathke/Susanne Spindler (Hg.), Neoliberalismus und Rechtsextremismus in Europa. Zusammenhänge – Widersprüche – Gegenstrategien, Berlin, S. 60–75.
Kaindl, Christina (2013): Neoliberalismus und Rechtsextremismus im Wandel, in: Peter Bathke/Anke Hoffstadt (Hg.), Die neuen Rechten in Europa. Zwischen Neoliberalismus und Rassismus, Köln, S. 20–30.
Lösch, Bettina (2017): Die neoliberale Hegemonie als Gefahr für die Demokratie, in: Christoph Butterwegge/Bettina Lösch/Ralf Ptak, Kritik des Neoliberalismus, 3. Aufl. Wiesbaden, S. 201–257.
Nachtwey, Oliver (2016): Die Abstiegsgesellschaft. Über das Aufbegehren in der regressiven Moderne, 3. Aufl. Berlin.
Piketty, Thomas (2015): Das Kapital im 21. Jahrhundert, 6. Aufl. München.
Schreiner, Patrick (2017): Unterwerfung als Freiheit. Leben im Neoliberalismus, 4. Aufl. Köln.
Schui, Herbert/Ptak, Ralf/Blankenburg, Stephanie/Bachmann, Günter/Kotzur, Dirk (1997): Wollt ihr den totalen Markt? – Der Neoliberalismus und die extreme Rechte, München.
Westermeier, Christian/Grabka, Markus M. (2015): Große statistische Unsicherheit beim Anteil der Top-Vermögenden in Deutschland, in: DIW-Wochenbericht 7, S. 123–133.
Wiegel, Gerd (2017): Ein aufhaltsamer Aufstieg. Alternativen zu AfD & Co., Köln

Franz Sölkner

Rüstungsatlas Österreich:
Raus aus einem schmutzigen Geschäft!

Sporadisch auftauchende Medienberichte über eine österreichische Mittäterschaft bei der Vorbereitung von Gewaltanwendung und Krieg einerseits und das Fehlen einer systematischen Zusammenschau der aktuellen österreichischen Rüstungswirtschaft[1] bewogen vor einiger Zeit fünf Friedensgruppen, das Projekt Rüstungsatlas Österreich" in Angriff zu nehmen: Internationaler Versöhnungsbund/Österreich, Pax Christi Österreich, Rüstungsinformationsbüro, Solidarwerkstatt Österreich, Steirische Friedensplattform.

Cicero und Erasmus

Der Streit über den Zusammenhang von Rüstung und Krieg ist uralt. Als Antipoden der Diskussion können Cicero und Erasmus von Rotterdam genannt werden. Cicero, der altrömische Politiker des 1. vorchristlichen Jahrhunderts, sah in der militärischen Stärke durch Aufrüstung eine notwendige Voraussetzung der Kriegsvermeidung. Sein Ausspruch „Si vis pacem para bellum!" wurde zum Dogma aller Militaristen und Kriegstreiber bis herauf zu den zeitgenössischen Militärdiktatoren, den heute aktiven Großinvestoren und Kapitänen der Rüstungsindustrie, den „Vordenkern und Strategen" der NATO dies- und jenseits des Atlantik, den führenden Militärs und Politikern diverser Großmächte bis hin zu Donald Trump.

Völlig konträr dazu positionierte sich der frühhumanistische Universalgelehrte Erasmus von Rotterdam in seinen Friedensschriften um 1510: „Mit was für Waffen bewaffnet die Wut die Menschen, die doch wehrlos geboren sind. Wahre Höllenmaschinen lassen Christen gegen Christen los. Wer würde glauben, dass die Kanonen

---

[1] Die letzte einigermaßen umfassende Darstellung ist fast vierzig Jahre alt: Peter Pilz (1982), Die Panzermacher. Wien. Das Buch ist nur mehr antiquarisch zu erwerben. Es wurde vor dem Auffliegen des Noricum-Skandals und der daraus folgenden Umstrukturierung in der heimischen Militärindustrie geschrieben.

von Menschen erfunden seien. Wir aber beschönigen diesen offenkundigen Wahnsinn der Rüstung mit allerlei wohltönenden Namen. Bald sind es altererbte väterliche Gesetze, bald die Schriften frommer Menschen, bald die Bibelworte, die wir schamlos – um nicht zu sagen – gottlos verdrehen. Schon ist es beinahe dahin gekommen, dass es für dumm und gottlos gilt, gegen den Krieg auch nur zu mucksen und das zu loben, was aus Christi Munde vornehmlich Lob empfangen hat. Man kommt in den Geruch dem Volk schlecht zu raten, wenn man zu der allerheilsamen Sache rät, zum Frieden und von der heillosesten abrät. (...) *Unterdessen veranstaltet man feierlich Bittgänge. Mit lautem Rufen fleht man um Frieden. Ein ungeheures Geschrei geht los. Gib uns Frieden! Wir flehen Dich an: erhöre uns! Hat nicht Gott alles Recht darauf zu antworten: Was spottet ihr meiner. Mich ruft ihr an, dass ich abwehre, was ihr eigenwillig heraufbeschwört habt. Ich soll Euch raten vor dem, was ihr selbst verschuldet habt.*"[2]

Rüstungsexportland Österreich

Laut dem Stockholmer Friedensforschungsinstitut SIPRI lag im Jahr 2016 allein der Produktionswert der 100 größten Rüstungsfirmen weltweit bei 375 Mrd. US-Dollar. In diesem Kontext ist Österreich natürlich sowohl bei der Produktion als auch beim Export ein kleiner Mitspieler. Aber eben auch nicht ganz unbedeutend. Im Jahr 2013 sah der deutsche Rüstungsforscher Jürgen Grässlin unser neutrales Land an 25. Stelle der Rüstungsexporteure.[3] Österreich hat zwischen 2004 und 2016 an insgesamt 164 Staaten Militärgüter im Gesamtwert von 4,6 Mrd. € geliefert, 2,9 Mrd davon entfielen auf den Export von Waffen und Munition.[4] Aufgrund dieser Zahlen setzte die Rechercheplattform Addendum unsere diesbezüglichen Aktivitäten jüngst in einen Vergleich mit jenen der Rüstungsexportgroßmacht Deutschland. Das unerwartete Ergebnis: „….. gemessen an

---

2 Erasmus von Rotterdam: Die Klage des Friedens. In: Über Krieg und Frieden. Die Friedensschriften des Erasmus von Rotterdam. Essen 2018. S. 306ff.
3 http://www.kirchenzeitung.at/site/archiv/article/8728.html (abgerufen am 12.11. 2018).
4 https://www.addendum.org/waffen/exporte/ (abgerufen am 12.11. 2018)

der Bevölkerungszahl machen österreichische Unternehmen ungefähr gleich viel Exportumsatz mit Militärgütern wie die deutschen Nachbarn."[5] Unter den belieferten Nationen waren dabei friedenspolitisch völlig inakzeptable Kunden mit einer entweder katastrophalen Menschenrechtsbilanz (z.B.: Algerien, Saudi-Arabien) oder Staaten, die zwar noch in Friedenszeiten beliefert wurden, die aber inzwischen in offenen Kriegen oder Bürgerkriegen verwickelt sind, wie Saudi-Arabien (Krieg im Jemen) und die Ukraine (Bürgerkrieg in der Ostukraine).

Kurze Geschichte der Österreichischen Rüstungsindustrie

Als Teil der ehemaligen habsburgischen Großmacht hatte Österreich seit langem eine stark entwickelte Rüstungsindustrie. Deren Hauptproduktionszentren lagen im Raum Wien, im Wiener Neustädter Becken[6], der Mur-Mürz-Furche und im Raum Steyr. Das Ende des 1. Weltkrieges und die Beschränkungen des Friedensvertrages von Saint Germain erzwangen zunächst eine weitgehende Stilllegung der österreichischen Rüstungswirtschaft. Nach und nach wurden diese Beschränkungen aber umgangen und eine neuerliche Militärgüterproduktion aufgebaut. Zu einer rasanten Ausweitung rüstungsindustrieller Kapazitäten kam es dann nach dem Anschluss an Nazideutschland. Linz – mit den neu geschaffenen Hermann-Göring-Werken – und das Tiroler Inntal entwickelten sich neben den alten Rüstungszentren zu weiteren Standorten der Kriegsproduktion. Überwiegend wurden sie dabei auf die Zulieferung für die Produktion schwerer Waffen im „Altreich" ausgerichtet.

Wie nach dem 1. Weltkrieg kam es auch nach 1945 zu einer durch den wirtschaftlichen Zusammenbruch und durch die von den Siegermächten erzwungenen Rüstungskonversion. Erst der Staatsvertrag 1955 und die Einrichtung des Bundesheeres brachten ein langsames Anwachsen einer rüstungswirtschaftlichen Binnennachfrage.

---

5   https://www.addendum.org/waffen/ (abgerufen am 12.11.2018)
6   In Hirtenberg und Wöllersdorf, im sogenannten „Munitionsdreieck", befanden sich große Patronen- und Geschoßfabriken. Die Wöllerdorfer Werke wuchsen zur größten Munitionsfabrik der Doppelmonarchie heran. 1917 erreichte der Personalstand mit bis zu 50.000 ArbeiterInnen seinen Höchststand.

Da diese aber natürlich keinen hinreichenden Ertrag sichern konnte, trat ihr bald eine entsprechende Exportorientierung zur Seite. Auch mit Eigenentwicklungen im Bereich schwerer Waffen (z.B. die Schützenpanzerer Ulan und Pandur) war man wieder erfolgreich.

Einen tiefen Einschnitt brachte dann Mitte der 1980er Jahre der Noricum-Skandal. Das zum Voest-Konzern gehörende Noricum-Werk in Liezen produzierte mit der GHN 45 eine Kanone mit großer Reichweite. Nachdem man damit zunächst getarnt über Jordanien das Regime Saddam Husseins im Irak beliefert hatte, kam es nach dem Angriff des Irak auf den Iran über Lybien auch zu illegalen Lieferungen an das Regime Khomeini. Die mediale und parlamentarische Aufarbeitung dieses rüstungswirtschaftlichen Schurkenstücks führten zu gesetzlichen Verschärfungen und der Einstellung der Kanonenproduktion in Liezen. Im Bereich schwerer Waffen und Militärgüter blieben nur mehr wenige Betriebe. So etwa die Produktion des Radpanzers Pandur durch die Steyr-Daimler-Puch Spezialfahrzeuge (SSF)[7] in Wien-Simmering. Das Bundesheer hat kürzlich 34 Stück geordert. Die Kosten dieses größten Beschaffungsvorganges der letzten 10 Jahre liegen bei 80 Mio. €[8].

Und die Rhein Metall Military Vehicles (RMMV) in Wien-Liesing liefert im Jahr ca. 500 gepanzerte Militär-LKWs aus.

Groß blieben hingegen die Kapazitäten zur Produktion von Kleinwaffen, Munition und der sowohl militärisch als auch zivil nutzbaren dual use–Produkte. Erfolgreich neu entwickelt wurden Produkte im Bereich der allgemeinen Sicherheitstechnologie und Überwachung. Zahlreiche kleinere Forschungseinrichtungen und Firmen engagieren sich im Bereich der Entwicklung militärischer Software oder bieten einschlägige Ingenieurleistungen an.

Kleinwaffen aus Österreich

Aktuell sterben weltweit täglich bis zu 2000 Menschen durch Waffen. Man schätzt, dass 95 Prozent dieser Todesfälle der Kategorie Kleinwaffen zuzuordnen sind. Österreich ist bei der Entwicklung,

---

7 Die SSF ging 2003 in das Eigentum des US-Rüstungskonzerns General Dynamics und ist seither Teil der General Dynamics European Land Systems (GD ELS).
8 http://milnews.at/2018/fahrzeuge-heer/ (abgerufen am 13. 11. 2018)

Produktion und dem Export dieser Waffen besonders stark, mit manchmal verheerenden Folgen auch für das Exportland selbst. Die massenhafte Fluchtbewegung syrischer Kriegsflüchtlinge in den zurückliegenden Jahren auch nach Österreich ist dafür ein plastisches Beispiel.

Seit 1978 baut die Steyr-Mannlicher GmbH im oberösterreichischen Kleinraming das Steyr AUG-Sturmgewehr.[9] Es entwickelte sich als kleiner Exportschlager. Teilweise liegen diese Waffenlieferungen weit zurück und erreichten das Bestimmungsland nur über Umwege bzw. unter Inanspruchnahme krimineller Tricks. So lieferte Österreich sein Steyr AUG etwa vor Jahrzehnten in größeren Stückzahlen u.a. nach Australien, Saudi-Arabien, Tunesien und die USA. Die an Tunesien gelieferten Waffen landeten über getürkte Enduser-Zertifikate in den Beständen der Syrischen Armee. Es wird vermutet, dass Teile der Lieferungen an Australien, Saudi-Arabien und den USA von diesen Regierungen ab 2011 an ihnen nahestehende Rebellengruppen in Syrien weitergereicht wurden. Dadurch und infolge der wechselseitigen Eroberungen von Waffendepots fanden sich „unsere" Gewehre schließlich in den Händen aller (Bürger-)Kriegsparteien.[10]

Den zweiten, noch größeren Exporterfolg bei Kleinwaffen errang die heimische Industrie mit den Glock-Pistolen. Hergestellt in Deutsch-Wagram bei Wien wurden damit vor allem die Polizeiapparate zahlreicher Länder ausgerüstet. In den USA wurden sie nicht nur die Standard-Kurzwaffe aller Polizeieinheiten, sondern sie sind infolge der liberalen Waffengesetze auch in Millionen Privathaushalten vorhanden und erlangten als Tatwaffe bei zahlreichen Amokläufen unrühmliche Bekanntheit.

---

9   AUG steht für „Armee-Universal-Gewehr". Es gehört bis heute zur Standardausrüstung des Österreichischen Bundesheeres, wo es allerdings die Bezeichnung StG 77 trägt.
10 https://www.profil.at/ausland/syrien-im-kriegsgebiet-oesterreichische-waffen-im-einsatz-5585056

Weitere „Erfolge" des österreichischen Rüstungsexports

Nicht nur in Syrien tauchte österreichisches Militärgerät auf.
- Die in Wiener Neustadt produzierten Überwachungsdrohnen Camcopter S 100 der Fa. Schiebel waren bei der Leibwache Gaddafis, bei den US-Streitkräften in Somalia und bei der chinesischen Kriegsmarine im Einsatz.[11]
- Splittergranaten, die der deutsche Rüstungskonzern Rheinmetall AG in seiner österreichischen Tochterfirma in Rüstorf bei Schwanenstadt herstellen lässt, waren in Saudi Arabien bei der Niederschlagung eines Aufstandes der schiitischen Minderheit dienlich.[12]
- Die Rotax 914-Flugmotoren aus der Produktion der Fa. BRP Powertrain in Gunskirchen bei Wels werden in den USA in die Predator-Kampfdrohnen des Rüstungskonzerns General Dynamics eingebaut. Die Predatoren (dt.: Raubtiere) waren in Afghanistan, Pakistan, Jemen, Irak, Libyen, Syrien, Bosnien, Kosovo und Serbien im Einsatz. Vom fernen Nevada aus am Bildschirm gesteuert, haben sie nicht nur feindliche Truppenteile zerstört, sondern auch ganze Häuser samt Insassen und zumindest einmal auch eine fröhlich feiernde Hochzeitsgesellschaft in die Luft gesprengt.
- Mehrere von der Fa. Diamond Aircraft Industries GmbH in Wiener Neustadt gebaute Leichtflugzeuge des Typs D-42 wurden bemannt nach Israel geflogen und dort zur unbemannten Drohne Dominator II umgebaut. Sie helfen der Israelischen Armee u.a., die drückende Besatzung der Westbank und die strangulierende Belagerung von Gaza aufrecht zu erhalten.[13]

Das Projekt Rüstungsatlas

Eine Projektsteuerungsgruppe aus VertreterInnen aller Organisationen wurde installiert. Bereits vorliegende Rüstungsatlanten aus Deutschland[14] dienten als Modell unserer Arbeit. Der am besten ausgearbeitete ist jener von der Informationsstelle Militarisierung /

---

11 Siehe dazu https://en.wikipedia.org/wiki/Schiebel_Camcopter_S-100
12 http://www.spiegel.de/politik/ausland/saudi-arabien-setzt-deutsche-waffen-gegen-demonstranten-ein-a-1071141.html
13 https://fm4v3.orf.at/stories/1695879/index.html
14 Die meisten davon herausggeben von der Linkspartei.

IMI in Tübingen herausgegebene Rüstungsatlas Baden-Württemberg.[15] Sehr hilfreich erwies sich auch der Kontakt zum Rüstungsinformationsbüro Freiburg.

Der Kern unseres Atlanten sollte in den Recherche-Ergebnissen jener Firmen und Produkte bestehen, die der heimischen Militärindustrieproduktion zuzurechnen sind. Rund um diesen Kern angelagert sollten verschiedene Themen abgehandelt werden. U.a. Recherchen über

- die österreichische militär- und sicherheitsrelevante Forschung und Entwicklung[16],
- die Exporte und die volkswirtschaftliche Dimension unserer Militärwirtschaft,
- die Perspektiven, die sich für Österreichs Neutralitätsstatus aus der Einbindung in die Konzepte der NATO-Partnerschaft für den Frieden und der „Ständig Strukturierten Zusammenarbeit"/SSZ militärisch besonders ambitionierter EU-Staaten ergeben,
- die Frage der Banken-Finanzierung der heimischen Rüstungsproduktion und deren Exporte.

In positiver Hinsicht sollten u.a.
- die Möglichkeiten einer Forschungs- und Rüstungskonversion[17] und

---

15 http://www.imi-online.de/2017/07/06/ruestungsatlas-baden-wuerttemberg/
16 Dieser Bereich gewinnt vor allem durch die Einrichtung eines EU-Rüstungsfonds auch für Österreich zunehmende Wichtigkeit. Forschungen dieser Art werden zu 100 % aus dem EU-Budget finanziert, einschlägige Entwicklungsarbeit muss aber zu 80 % von Österreich kofinanziert werden. Diese Ausgaben müssen aber nicht auf das Maastricht-Verschuldensregime angerechnet werden. Hinzu kommt, dass dabei vor allem einer Orientierung auf dual use-Produkte der Vorzug gegeben wird, wodurch es bei F&E-Aktivitäten zu einer engen, kaum mehr durchschaubaren Verflechtung von zivilen und militärischen Projekten kommt. Siehe dazu etwa: https://www.solidarwerkstatt.at/frieden-neutralitaet/kanonen-statt-butter oder https://www.solidarwerkstatt.at/frieden-neutralitaet/3-was-bedeutet-die-eu-ssz-fuer-oesterreich .
17 Der in Deutschland relativ erfolgreiche Versuch, Forschungsinstitute über eine selbstverpflichtende Zivilklausel auf einen Verzicht auf jede Art von militärrelevanter Forschung festzulegen, ist in Österreich bisher ohne nennenswerte Erfolge geblieben.

- friedenspolitisch notwendige Forderungen an die Politik beinhalten sein.
- Eine Beschreibung der österreichischen Friedensbewegung, die Auflistung ihrer aktiven Gruppen sowie praktische Handlungsvorschläge sollte interessierten Menschen Anknüpfungspunkte zum Einstieg in die praktische Friedensarbeit bieten.

Aus diesem Gesamtvorhaben wurde ein umfassendes Inhaltsverzeichnis erstellt, das inzwischen aber aus Kapazitätsgründen stark gekürzt werden musste.

In der Hoffnung, Menschen mit einem besonderen Interesse für die Problematiken ihrer Region in die konkrete Arbeit und dadurch auch längerfristig in die allgemeine Friedensarbeit einbinden zu können, beschlossen wir, die Recherchen der Firmen und ihrer militärrelevanten Produkte in bundesländerspezifischen Arbeitsgruppen durchzuführen.

Auf der Website des Rüstungsinformationsbüros Freiburg wurde über einen link ein Modul eingerichtet, über das man die Rechercheergebnisse zu einzelnen Firmen „zwischenlagern" kann.

Die Mühen der Ebene: methodische und arbeitspraktische Probleme

Zunächst waren wir bei der **Gründung der Bundesländer-Recherchegruppen** nicht überall erfolgreich. Gut funktionierte es zunächst in Oberösterreich, der Steiermark, Tirol und Wien, wobei vor allem Stmk., OÖ und Wien eine große Anzahl von einschlägigen Betrieben aufweisen. Die Arbeit in der Steiermark erlahmte zwischenzeitlich. Die wenigen einschlägigen Firmen im Burgenland und in Vorarlberg sind durch AktivistInnen mit einem spezifischen Bundeslandbezug abgedeckt. In Niederösterreich, ebenfalls Standortbundesland von zahlreichen militärwirtschaftlich relevanten Betrieben, fanden wir bis dato keine Rechercheure. Ebenso sind Kärnten und Salzburg, in denen es aber nur wenige für den Rüstungsatlas Österreich relevante Firmen gibt, bisher unbearbeitet.

In der konkreten Arbeit stellten sich etliche **methodische Probleme**. Das zunächst wichtigste war eines der Definition bzw. von mehreren Begriffsabgrenzungen:

- Wo genau verlaufen die Grenzen zwischen militärischer Waffenproduktion und der Produktion allgemeiner Militärgüter?
- Was zählt zu den dual use-Produkten, die sowohl eine militärische als auch eine zivile Verwendung aufweisen? Und wie gehen wir mit diesen doppelgesichtigen Produkten und ihren Herstellern im Einzelfall um?
- Wie weit sollen wir uns auf den inzwischen sehr aufgeblasenen und an den Rändern schwammigen Bereich der digitalen Sicherheitstechniken, der Überwachung und der überwiegend polizeilichen Gefahrenbeherrschung einlassen?
- Sollen wir eine Firma wie die steirische Andritz AG aufnehmen, die zwar selbst in Österreich keine Waffen produziert, aber als Generalunternehmer an einigen ökologisch, sozial und friedenspolitisch höchst problematischen Großstaudammprojekten in demokratisch wenig entwickelten Staaten engagiert ist und die überdies seit ein paar Jahren die absolute Mehrheit der Firmenanteile eines deutschen Kanonenrohrproduzenden hält?

Und da es ja in Österreich wenige Firmen gibt, die als Gesamthersteller eines komplexen Militärgutes fungieren, aber viele, die sich arbeitsteilig als **Hersteller und Zulieferer von oft sehr speziellen Teilkomponenten** betätigen: Wie erlangen wir Kenntnis davon und – wenn wir es in Erfahrung bringen – ab welcher Größenordnung ist eine Produktion groß genug, um in unserem Atlas verzeichnet zu werden?

Recherchezugänge

Wie wissen wir überhaupt, ob es von Interesse ist, sich eine Firma genauer anzuschauen? Im Großen und Ganzen gibt es drei Zugänge:
- **Die Lobbygruppe:** Teilweise Abhilfe schafft da die bei der Bundeswirtschaftskammer/WKO eingerichtete **Arbeitsgemeinschaft Sicherheit und Wirtschaft / ASW**[18]. Sie ist die Koordinations- und Lobbyorganisation der für uns relevanten Branche. Unter der Rubrik „Firmen & Leistungen" gliedert sie sich in 13 Untergruppen:

---

18 http://www.wkoarge.at/en/asw/home/

- Weapons and Ammunition
- Vehicles & Accessories
- Personal Equipment
- Communication Equipment
- Engineering Equipment
- Optical Equipment & Opto-Electronics
- Test Equipment
- Logistics, Medical & Humanitarian Equipment
- Engineering Services, Training
- Demilitarisation, Deminig
- Components Supplies
- ICT, Cyber
- Others

Ca. 100 Firmen sind mit insgesamt 234 Einträgen gelistet. Manche davon nur in einer Untergruppe, andere in mehreren, einige sogar in allen. Nicht alle Untergruppen sind für uns gleich interessant. Für uns von besonderem Interesse sind natürlich die 16 Firmen der Gruppe Weapons and Ammunition,[19] Allerdings gibt es auch hier eine Auffälligkeit: Die Glock GmbH, einer der größten Kleinwaffenhersteller der Welt, scheint dort nicht auf. Unter der Rubrik Vehicles & Assessoires[20] finden sich 28 Firmen, die sich mit dem Fahrzeugbau und deren Zusatzausrüstung beschäftigen. Für unser Projekt ebenfalls von Bedeutung sind natürlich die Bereiche der Personalaustattung, der Kommunikation und der Optik. Was genau aber machen diese Firmen und wo zieht man die Grenze etwa zum Bereich der rein polizeilichen Sicherheit? Und sind auch die Sparten der „medizinischen und humanitären Ausstattungen" sowie der Bereich der „Demilitarisierung und des Aufspürens von Minen" interessant? Die dort tätigen Firmen tun zwar „Gutes", aber sie beseitigen ja nur Schäden, die Militärs zunächst mit verursacht haben.
- Eine weitere Quelle sind die zahlreichen internationalen Rüstungsmessen von Abu Dhabi und Adelaide bis hin zu jenen in Paris, Stuttgart, Tel Aviv und mehreren Städten in den USA.

---

19 http://www.wkoarge.at/en/asw/company-directory/weapons-and-ammunition/
20 http://www.wkoarge.at/asw/firmen-leistungen/vehicles-accessories/

Nicht alle sind für Nichtfachleute zugänglich und nicht alle veröffentlichen daher ihre Ausstellungskataloge mit dem Ausstellerverzeichnis. Manche tun es aber doch, und dort findet man auch die exportinteressierten Firmen aus Österreich. Interessanterweise vereinzelt auch Firmennamen, die in der ASW der WKO nicht aktiv sind, so etwa die Fa. Glock oder die Simgun GmbH in Götzis (Vorarlberg).
- Und schließlich gibt es Fachjournalisten, die oft ein reichhaltiges Archiv haben.

Geheimhaltungsinteressen und Verschwiegenheit

Firmen, die in militärisch relevanten Bereichen arbeiten und erst recht, wenn sie ein starkes Exportinteresse haben, sind nicht auskunftsfreudig. Bekannt für ihre besondere Zugeknöpftheit ist etwa der Pistolen- und Kampfmesser-Produzent Glock GmbH. Aber selbst dann, wenn eine Firma wie die auf hochtechnische Outdoor-Textilien spezialisierte und international agierende Sattler AG in Gössendorf bei Graz u.a. auch Zelte und Planen in militärischen Tarnfarben produziert, springt das nicht sofort ins Auge. Auf der Website der Firma findet sich zunächst kein Hinweis. Erst wenn man/frau bei einer Suchmaschine Begriffe wie Sattler + Military eingibt, findet man die entsprechende Produktpalette.

Wie gehen wir bei der Recherchearbeit vor?

Hat man eine Firma oder eine Forschungseinrichtung als relevant identifiziert, so führt der erste Schritt natürlich zu deren Homepage. In einem zweiten Schritt gibt man die Firma und/oder eines ihrer Produkte – eventuell zusammen mit anderen einschlägigen Wortkombinationen – in eine Internet Suchmaschine ein. Hinsichtlich der allgemeinen Firmendaten (Eigentümerstruktur, Firmenleitung, Firmenwert, Umsatz, Gewinn, Mitarbeiterstand) ist der weitere Rechercheweg unterschiedlich: Einfach ist es bei Aktiengesellschaften. Sie müssen auf ihrer Website einen jährlichen Geschäfts- und Finanzbericht veröffentlichen. Normalen Gesellschaften (GmbH, KG, etc.) oder Firmen im Einzeleigentum kommt man aber nur über eine Abfrage im öffentlichen Firmenbuch näher: https://firmenbuchauszug.kompany.at/sea_k01gclid=EAIaIQ obChMI_9vp6dPT3gIVxsqyCh3siQYkEAAYASABEgIMAfD_ BwE. Einzelabfragen sind mit einigen Euro kostenpflichtig, allerdings gibt es auch ein 7-Tage-Gratis-Testpaket.

Was ist der Zweck des Projekts „Rüstungsatlas Österreich"?

Obwohl Österreichs Neutralität in den letzten Jahrzehnten durch Einbindung in verschiedene multinationale Militärkonzepte (NATO-Partnership for Peace, SSZ/PSCE) scheibchenweise demontiert wurde[21] und stark an Glaubwürdigkeit verloren hat, bietet sie aber noch immer eine argumentative und rechtliche Basis, um in einer Vorreiterrolle militärische Strukturen und rüstungswirtschaftliche Kapazitäten abzubauen und eine rein zivile Friedenspolitik voranzutreiben. Dies braucht aktive Menschen und entsprechende zivilgesellschaftliche Organisationen. Vernünftiges zielgerichtetes Handeln setzt Wissen voraus. Unser Projekt will einen Teil dieses notwendigen Wissens bereitstellen.

Hinzu kommt: Die Friedensbewegung in Österreich ist derzeit schwach. Ihr Rückgrat sind etliche hundert, in etwa einem Dutzend kleinerer NGOs organisierte Menschen. Die Vernetzung der fünf Projektträger hat uns gut getan und gestärkt. Die Erwartung aber, die Bewegung schon über eine breitere Arbeitseinbindung von bisher unengagierten Menschen stärken zu können, hat sich bisher kaum erfüllt. Aufrecht ist aber die Hoffnung, dass aufgrund des im Rüstungsatlas zusammengetragenen Wissens zukünftig verstärkt gemeinsame und breiter getragene Aktivitäten möglich sein werden.

Mit Aussicht auf Erfolg könnte eine gestärkte Friedensbewegung vom Gesetzgeber etwa das Ende der österreichischen Geheimniskrämerei bei den bisher nicht öffentlichen Rüstungsexportberichten oder der großzügige Auf- und Ausbau eines global einsetzbaren „Zivilen Friedensdienstes" fordern.

Eine österreichische Rüstungskonversion sollte zum Thema wer-

---

21 Siehe die Geschichte dieser Salamitaktik unter https://www.solidarwerkstatt.at/index.php?option=com_content&view=article&id=1342&Itemid=1

den. Volkswirtschaftlich und beschäftigungspolitisch wäre sie allein aufgrund der Dimension der Militärindustrie durchführbar. Wahrscheinlich sind derzeit kaum mehr als 5000 Vollarbeitsplätze unmittelbar in diesem Bereich tätig.[22] Diese Arbeit auf zivil nachgefragte Produkte umzurüsten ist also eine Frage des politischen Wollens und nicht eine der oft vorgeschobenen wirtschaftlichen Sachzwänge.

Global gesehen ist die Nachfrage nach friedensfördernden strukturellen Entwicklungen und den dazu notwendigen Investitionen und Zivilprodukten ohnehin gigantisch. Und die finanziellen Ressourcen sind im Bereich von Rüstung und Militär zweifellos auch gegeben. Die weltweiten Rüstungsausgaben lagen 2017 bei 1.740 Mrd. US-Dollar. 2015 formulierte die UNO im Rahmen der „Agenda 2030 für eine nachhaltige Entwicklung" 17 Detailziele: Von der Beseitigung des Hungers, der extremen Armut, des Analphabetismus, der Minimierung der Kindersterblichkeit und Verbesserung der globalen Volksgesundheit bis hin zu wirksamen Maßnahmen zur Klimarettung. Die Kosten dafür schätzt die UNO auf 300 Mrd. US$ im Jahr, weniger als 20 % der derzeitigen Militärausgaben!

Christa Wolf: Wann Krieg beginnt ….
„Wann Krieg beginnt, das kann man wissen, aber wann beginnt der Vorkrieg? Falls es da Regeln gäbe, müsste man sie weitersagen, aufschreiben, in Ton ritzen, in Stein meißeln, aufbewahren für alle Zeit. Was stünde da? Da stünde: Lass Dich nicht täuschen von den Eignen!"[23]

Gewalttätig ausgetragene politische Konflikte und Kriege haben in der Regel mannigfaltige Ursachen: Nationalismus, Rassismus, beabsichtigter Raub von Land und anderen Ressourcen, Unterwerfungs- und Hegemonialstreben, bei den Unterdrückten auch oft massiv erlittene Ungerechtigkeit und langdauernde Unfreiheit. Ganz gewiss

---

22 Der Standard berichtete am 25. Okt. 2014 https://derstandard.at/2000007283505/Austro-Ruestungsindustrie-ruestet-statt-rostet von einem Umsatz von ca. 2,5 Mrd. € im Jahr 2012 und von ca. 10.000 direkt und 20.000 indirekt Beschäftigten in Österreichs Rüstungswirtschaft. Der Exportanteil war mit 94 % angegeben. Unklar blieb woher diese Zahlen stammen.
23 Christa Wolf (1983), Kassandra. Erzählung, Luchterhand, Darmstadt/Neuwied, Seite 76f.

gehört zu den Voraussetzungen von Kriegen aber auch die Rüstung. Auf Seite der ohnehin Hochgerüsteten verfestigt sie die Überlegenheit und „zwingt" potentielle Kriegsgegner ebenfalls in eine Rüstungsspirale einzusteigen. Mit fatalen Konsequenzen: Sie stehen sich mit noch mehr Vernichtungspotential gegenüber. Die ideologische Abwertung des Anderen und Misstrauen ihm gegenüber wächst. Die jeweiligen Bevölkerungen werden über eine Politik der Angst in Geißelhaft genommen und manipulativ zur kritiklosen Konformität mit ihren politischen Führungen verführt und gedrängt. Hochgerüstete Staaten, vor allem Groß- und Regionalmächte sind meist „friedenspolitisch dumm"[24]. Die möglichen friedenspolitischen Alternativen geraten aus dem Blickfeld. Die Aufrüstung frisst die für eine friedliche Entwicklung notwendigen Mittel auf.

Ist die Furie des Krieges einmal entfesselt, ist es zu spät. Strategien der Kriegsvermeidung müssen daher in den Friedenszeiten ansetzen. Derzeit scheint es spät, aber noch nicht zu spät zu sein. Die Sehnsucht nach nationalistischer Integration und starken Führern ist wieder da und zeigt sich auch in demokratischen Staaten bei Wahlen zunehmend mehrheitsfähig.

Der Kampf gegen Aufrüstung mit Waffen und gegen die Militarisierung des Denkens ist eine notwendige Strategie gegen die bereits eingeleiteten und absehbaren politischen Entwicklungen zum globalen Unfrieden. Noch geht es im Westen Europas darum, uns, vor allem aber unseren Eliten, Privilegien und Übermacht zu sichern. Das aber wird in einer Welt, die zum globalen Dorf geworden ist, so nicht bleiben.

Die Arbeit an einem Rüstungsatlas für Österreich ist kein riesiger Baustein am Haus des Friedens – aber ein sinnvoller und – wenn wir wenigstens diesmal den Vorkrieg gewinnen wollen – ein notwendiger!

---

24 Für diese These gibt es zahlreiche Beispiele. Ein besonders plastisches sind die höchstgerüsteten USA. 2017 betrugen ihre Militärausgaben mit 610 Mrd. US-Dollar, ca. 35 % der Ausgaben weltweit. Für 2018 hat Trump den Militäretat um ca. 15 % auf 700 Mrd. US-$ angehoben und nähert sich damit einem Weltanteil von 40 Prozent. Sicher und „befriedet" fühlen sich die USA dennoch nicht. Der kollektive und individuelle Angstpegel ist hoch. Ein hohes Maß an politischer Bereitschaft zur Außenaggression und individueller Gewalt nach innen sind unverkennbar.

Um im Anschluss an Cicero aber gegen diesen wieder zu schließen: Si vis pacem para pacem! Wer den Frieden will, bereite den Frieden vor!

Wie kann ich das Projekt Rüstungsatlas fördern?

- Viel Arbeit liegt noch vor uns. Gesucht werden daher AktivistInnen, die ihre Neigung, etwas zu erforschen, in unsere Datenerhebungen einbringen wollen. Wenn Sie Firmenrecherchen nicht in einer Arbeitsgruppe, sondern allein durchführen wollen, so bitten wir Sie, ihre Erkenntnisse in das Modul http://www.rib-ev.de/archiv/ruestungsatlas-oesterreich/ einzutragen.
- Willkommen sind aber auch Bearbeitungen zu allgemeinen Themen des Projekts.
- Wenn jemand dafür zunächst noch nähere Informationen und mehr Motivation braucht: Wir haben eine Powerpoint-Präsentation des Vorhabens. Gern reisen wir für kleine öffentliche Veranstaltungen an.
- Kontakt: franz.soelkner@thalbeigraz.at
- **Und weil es ganz ohne Geld nicht geht ....**

Alle Arbeit am Rüstungsatlas geschieht unentgeltlich. Dennoch fallen natürlich Spesen an, etwa für die Fahrten zu den österreichweiten Koordinationstreffen. Dafür bitten wir unter dem Kennwort „Rüstungsatlas" um Spenden auf das Konto

Pax Christi Österreich
(Hypo Oberösterreich)
IBAN: AT50 5400 0000 00373019; BIC: OBLAAT2L

Manfred Sauer

Atomwaffen ächten und verbieten
Nukleare Rüstung: ein Verbrechen an der Menschheit

Der vorliegende Beitrag behandelt wichtige Ereignisse in der Entwicklung und der Verbreitung von Atomwaffen. Er zeigt aber auch auf, welche Gefahren von diesen Massenvernichtungswaffen ausgehen und beleuchtet die jahrzehntelangen Bemühungen um Rüstungsbegrenzung und vollständige Abschaffung dieser Waffen.

Die Entwicklung von Atomwaffen hat die Menschheit an den Rand ihrer völligen Vernichtung gebracht. Sowohl in Zeiten des sogenannten Kalten Krieges als auch heute kann ein Einsatz der vorhandenen Potentiale an Nuklearwaffen unsere Erde mehrfach vollständig zerstören, und eine begrenzte Anwendung kann zu zahlreichen Opfern und massiven Dauerschäden führen. Ohne Rücksicht darauf haben die Großmächte ihre Arsenale auf- und ausgebaut. Viele Staaten versuchten im Laufe der Jahrzehnte in den Besitz von Atomwaffen zu gelangen, einigen ist es gelungen. Seit September 2017 liegt ein völkerrechtlich bindender Verbotsvertrag zur Unterschrift auf. Ein wichtiger Teilerfolg zur völligen Abschaffung wurde erreicht. Aber noch gibt es großen Widerstand und wenig Einsicht bei vielen Staaten, diesen Vertrag auch mit Leben zu erfüllen. Die Sehnsucht der Menschheit nach Sicherheit ohne Atomwaffen ist groß. Es gibt genug Gründe für ein Umdenken. Zu viele Opfer hat die Geschichte der Atomwaffenrüstung schon gefordert.

Der erste Nuklearwaffentest und die beiden (bislang einzigen) Kriegseinsätze

Während des Zweiten Weltkriegs vermuteten die USA, dass Nazideutschland an der Entwicklung einer atomaren Bombe arbeite. Dies führte dazu, dass in den USA verstärkte Anstrengungen in der Produktion von atomaren Bomben erfolgten. Dutzende Fabriken und Labors wurden aus dem Boden gestampft und tausende Wissenschaftler, Techniker und Militärs waren an diesem Geheimprojekt beteiligt, das ab 1942 als „Manhattan Project" in Los Alamos (New Mexico) bekannt wurde. Da die Technologie zur Gewinnung von hochangereichertem Uran noch in den Kinderschuhen steckte und viel zu langsam vor sich ging, wurde eine erste Versuchsbombe mit Plutonium versehen. Die Explosion fand am 16. Juli 1945 in der Wüste von New Mexico statt. Erstmals sahen Menschen die Schrecknisse und die Zerstörungskraft einer Nuklearwaffe. Der Test hatte den Namen „Trinity" (Dreifaltigkeit). Kommentar des Leiters dieses Tests Kenneth Bainbridge: „Jetzt gehen wir als Dreckschweine in die Geschichte ein". Der Wissenschaftler Leo Szilard verfasste mit 66 anderen Kollegen eine Petition gegen den Einsatz der Bombe, die jedoch vom Militär unter Verschluss gehalten wurde. Am 9. Juli 1955 wurde das Einstein-Russell-Manifest vorgestellt. Es sprach sich gegen den Einsatz der Bombe und für andere, friedliche Konfliktlösungsmodelle aus. Der Wissenschaftler Joseph Rotblat gründete im Juli 1957 zusammen mit Bertrand Russell die Pugwash-Bewegung. Benannt nach einem kleinen kanadischen Ort, sollten hier regelmäßig Konferenzen gegen die Atomrüstung stattfinden.

Um Japan in die Knie zu zwingen und amerikanische Verluste in Asien zu minimieren, verfügte US-Präsident Harry S. Truman, zwei Atombomben gegen Japan einzusetzen. Am 6. August 1945 zündeten die USA die Uranbombe „Little Boy" über der japanischen Stadt Hiroshima, und am 9. August 1945 die Plutoniumbombe „Fat Man" über dem Ersatzziel Nagasaki. Die Explosion, die Druckwelle und der Feuersturm töteten hunderttausende Menschen sofort und verletzten zehntausende schwer. Der radioaktive Ascheregen ließ viele Menschen erkranken. Noch heute leiden Menschen bzw. nachkommende Generationen an den Folgen der Explosionen.

Atomwaffen töten unterschiedslos und wirken über Gebiete und Landesgrenzen hinaus. Als Langzeitwirkung gilt der sogenannte „Nukleare Winter". Eine Studie besagt, dass eine kleine Anzahl Atombomben den Himmel auf längere Zeit verdunkelt und wegen der fehlende Sonneneinstrahlung auch in entfernten Gebieten die Landwirtschaft zum Erliegen kommt. Hungerkatastrophen sind daher eine sekundäre Folge der Bombe.

In den USA jubelte man über eine Waffe, mit der jederzeit Kriege beendet werden konnten. Es kam allgemein zu einer Atomeuphorie mit skurrilen Plänen von atombetriebenen Autos oder Haushaltsgeräten. Erst später wurde den Menschen auch die Gefährlichkeit der Strahlung und ihre Folgen bewusst.

Atomwaffen als fixer Bestandteil in den Arsenalen der Großmächte und das Wettrüsten

Die Sprengkraft der Atomwaffen wird mit Verhältniszahlen zu herkömmlichem Sprengstoff dargestellt. 1 Kilotonne (kt) bedeutet 1.000 kg Trinitrotuluol (TNT), eine Megatonne (MT) 1.000.000 kg TNT. Die ersten Bomben hatten zwischen 12 und 22 kt Sprengkraft, so die Bomben vom August 1945. Heute gibt es Nuklearwaffen im MT-Bereich, U-Boot-Raketen, Mehrfachsprengköpfe und Wasserstoffbomben. Die stärkste Testexplosion wurde von der Sowjetunion mit 52 MT ausgerichtet.

Die Entscheidung der USA, weiterhin Atomwaffen im Arsenal zu haben, wurde durch die Verschlechterung der Beziehungen zur Sowjetunion und zahlreiche Stellvertreterkonflikte angeheizt. Die erste Explosion einer sowjetischen Atomwaffe am 29. August 1949 schreckte die USA auf. Bei den Wasserstoffbomben testete die USA am 1. März 1954 ein bodengebundenes Modell, die Sowjetunion am 22. November 1955 eine Waffe, die bereits von Flugzeugen abgeworfen werden konnte. Mit der ersten Sputnik-Mission am 4. Oktober 1957 signalisierte die Sowjetunion den Besitz weiterreichender Raketen-Trägermittel. Am Höhepunkt des Kalten Krieges waren rund 70.000 Atomsprengköpfe in Verwendung. Besonders Europa war stellvertretend Schauplatz von atomaren Szenarien in den Nuklearstrategien. Heute haben neun Staaten Nuklearwaffen: USA (6.450 Sprengköpfe), Russland (6.850), China (280), Großbritannien (215), Frankreich (300), Pakistan (145), Indien (135), Israel (80), Nordkorea (15). Die Quelle zu dieser Aufstellung von 2018 ist das schwedische Friedensforschungsinstitut SIPRI in Stockholm. (www.ippw.de Datenbank Atomwaffen von A bis Z)

Das Prinzip der Abschreckung ist weiterhin aktuell

Von den Nuklearmächten wird die Abschreckung durch Atomwaffen als Sicherheitsgarantie für eine Vermeidung eines Angriffs gesehen. Aus diesem Blickwinkel müssten alle Staaten Atomwaffen bekommen. Abschreckung besagt in Wirklichkeit, dass in bestimmten Situationen (z.B. vermeintlicher oder wirklicher Angriff) diese Waffen auf jeden Fall zur Anwendung kommen. Nur so kann es eine glaubwürdige Abschreckung geben. Dieser Umstand gefährdet aber tatsächlich den Weltfrieden. Abgesehen davon ist der Einsatz von Atomwaffen schon aus Gründen der Unverhältnismäßigkeit völkerrechtlich verboten. Auch das Urteil des Haager Gerichtshof vom 8. Juli 1996 besagt, dass die Drohung mit und der Einsatz von Atomwaffen völkerrechtswidrig sind. Heute wird gefordert, dass die Anzahl der sofort in Bereitschaft stehenden Atomwaffen reduziert wird und Garantien, zumindest keine Nichtnuklearstaaten anzugreifen, gegeben werden. Die aktuellen Nukleardoktrinen der USA und vermutlich auch Russlands sehen aber unter bestimmten Sicherheitslagen auch atomare Schläge gegen atomwaffenfreie Staaten vor.

Die Nichtweiterverbreitung gelingt nur bedingt

Der Nichtverbreitungsvertrag (NVV/NPT, in Kraft getreten 5. März 1970) ermöglicht allen Staaten, die auf Atomwaffen verzichten, den Zugang zur zivilen Nukleartechnologie. Gleichzeitig ist die zuständige Behörde – die Internationale Atomenergiebehörde (IAEA) mit Sitz in Wien – für die Überwachung möglichst vieler ziviler und militärischer Anlagen zuständig. Mit Abkommen („Safeguards") können Kontrollen erfolgen und Verstöße gegen den Geist des Vertrages aufgedeckt werden. Nicht alle Staaten unterwerfen sich diesem Prozedere. Der NPT besteht aus den klassischen Atomwaffenländern (USA, Russland, China, Frankreich und Großbritannien), die einen Sonderstatus haben, und allen anderen Staaten mit Ausnahme der „illegalen" Nuklearstaaten, die nicht Mitglied sind (Israel, Pakistan, Indien und Nordkorea). Die Überprüfungskonferenz 2020 wird zur Nagelprobe, wenn Staaten sich entschließen, Atomwaffen zu beschaffen. Zu oft haben die Nuklearwaffenstaaten die Abrüstung verweigert und sich arrogant bei den Tagungen gezeigt. Solche Entwicklungen könnten für den NPT schwere Folgen haben und das Prinzip der Nichtweiterverbreitung zerstören.

Mehrere Staaten haben im Laufe der Jahre ihr Atomwaffenprogramm abgebrochen: Brasilien, Algerien, Argentinien, Irak, Libyen, Schweden, Spanien und die Schweiz. Südafrika hat 1990 seine Atomwaffen vernichtet und damit den Weg zu einem atomwaffenfreien afrikanischen Kontinent eröffnet. Die ehemaligen Sowjetrepubliken Kasachstan (1995), Ukraine (1996) und Belarus (1996) haben die eingelagerten sowjetischen Atomwaffen an Russland zurückgegeben. Der Iran hat auf Grund des Vertrages, der in Wien abgeschlossen wurde, sein Atomwaffenprogramm ausgesetzt.

14 Staaten unterhalten Urananreicherungsprogramme, 10 Staaten Wiederaufbereitungsanlagen. Die Voraussetzungen für den Beginn eines militärischen Atomprogramms wären somit gegeben.

Die Nichtmitglieder im NPT haben sich ihre Atomtechnologie meist auf illegalem Weg beschafft.

Damit alles funktioniert: über zweitausend echte Nuklearwaffentests

Mehr als zweitausend Atomwaffenversuche auf verschiedenen Versuchsarealen – in der ersten Zeit fast immer oberirdisch – haben hunderttausende Menschen direkt oder über die strahlenden Partikel in der Atmosphäre in Mitleidenschaft gezogen. Eine Studie (IPPNW Internationale Ärzte zur Verhütung des Atomkriegs) nimmt rund 430.000 Krebstote durch oberirdische Tests und insgesamt rund 3 Millionen Tote bis zum Jahr 2000 an. Durch diverse Abkommen, zuletzt dem CTBT (Comprehensive Nuclear Test Ban Treaty), wurden die Tests weitgehend eingestellt bzw. auf subkritische Minitests und Computersimulationen umgestellt. Der am 10. September 1996 vorgelegte Vertrag muss von 44 namentlich genannten Staaten ratifiziert werden und ist daher noch nicht in Kraft. Die Anlagen zum Aufspüren von Tests sind aber bereits in Betrieb, die zuständige Behörde befindet sich in Wien.

Auch der Uranbergbau und die zivile und militärische Nuklearindustrie forderten zahlreiche Opfer. Die zivile Atomnutzung gilt in einigen Bereichen als technologisches Sprungbrett für ein Atomwaffenprogramm.

Abrüstung und Rüstungsbegrenzung als Zeichen der Entspannung

Durch die Tatsache der Möglichkeit eines vielfachen Overkills und unter dem Druck der von Atomwaffen betroffenen und gefährdeten Bevölkerungen entstand ein Prozess von Vertrauensbildung und Abrüstung bei den „Kalten Kriegern". In zahlreichen Verhandlungen und Abkommen (SALT und START-Verträge, INF, ABM etc.) ging es um eine Definition von Obergrenzen bestimmter Systeme oder Trägermittel, um eine tatsächliche Reduktion oder um Raketenabwehr, wie beim ABM-Vertrag. Viele dieser Abkommen waren nur bilaterale Vereinbarungen zwischen den USA und der Sowjetunion. Somit gab es keine Abkommen für allgemeine und umfassende Abrüstung. US-Präsident Barack Obama verkündete am 5. April 2009 bei einem Prag-Besuch die Vision einer anzustrebenden Welt ohne Atomwaffen. Allerdings schwächte er diese Aussage ab. Erst wenn es keine Atomwaffen mehr auf der Welt gäbe, würden die Amerikaner auch auf ihr Arsenal verzichten.

Der derzeitige US-amerikanische Präsident Donald Trump hat den Iran-Deal einseitig und ungerechtfertigt aufgekündigt. Der Iran wird mit härtesten Sanktionen belegt, obwohl die Atomenergiebehörde die Vertragstreue (keine Urananreicherung mehr u.ä.) mehrmals bestätigt hat. Aktuell hat Trump angekündigt, den INF-Vertrag zum Verbot von nuklearen Kurz-und Mittelstreckenraketen in Europa ebenfalls zu verlassen. Er räumte Russland eine 60 Tagefrist ein, um den vermuteten Vertragsbruch zurück zu nehmen. Russland sollte neuen Systeme dieser Kategorie abziehen bzw. die Trägermittel verschrotten. Auch die USA arbeiten an der Stationierung solcher Systeme. Für Europa etwa würde das bedeuten, dass wieder eine gefährliche und unberechenbare Situation wie vor dem INF-Vertrag entstehen könnte. Nicht Vertragsbruch, sondern neue Verhandlungen wären dringend nötig.

Atomwaffenfreie Zonen als Bausteine für ein Gesamtverbot

Der polnische Außenminister Adam Rapacki stellte am 2. Oktober 1957 in der UN-Generalversammlung einen Plan vor, in dem eine atomwaffenfreie Zone mit Polen, BRD, DDR und später auch mit der Tschechoslowakei gebildet werden sollte. Er scheiterte letztlich. Heute gelten viele Gebiete als atomwaffenfrei: z.b. die Antarktis, der Meeresboden, der Weltraum, Lateinamerika/Karibik, Südpazifik, Südostasien, der gesamte afrikanische Kontinent und auch Österreich (Bundesverfassungsgesetz „Atomfreies Österreich" vom 14. August 1999)

Leider ist es in Europa und im Nahen/Mittleren Osten (Israel ist hier der einzige Atomwaffenstaat) nicht gelungen, solche Zonen einzurichten. Der österreichische Politologe Prof. Heinz Gärtner schlägt wiederholt den Zusammenschluss mehrerer Staaten zu nuklearwaffenfreien Zonen vor, auch über Kontinente hinweg, als Basis für spätere Erweiterungen. Auch negative Sicherheitsgarantien (Nichtangriffsgarantie) sollten seiner Meinung öfter angewandt werden.

Irrtum, Unfall, kriminelle Aktivitäten, Terror

Schon öfter ist die Welt zur Zeit des Kalten Krieges einer Atomkriegskatastrophe entgangen. Irrtum oder technische Gebrechen führten zu heiklen Situationen. Nur durch Courage und Glück wurde Schlimmeres verhindert. Der russische Offizier Stanislav Petrow unterließ das Auslösen eines Alarms, als vermeintlich US-Raketen im Anflug waren. Eine optische Täuschung des Radars war der Grund. Der sowjetische Marineoffizier Wassili Archipow verweigerte als ranghöherer Offizier gegenüber den Bootskommandanten den Abschuss vom Nukleartorpedos auf US-amerikanische Kriegsschiffe während der Blockade in der Kubakrise. U-Boot-Kommandanten glaubten damals, der Atomkrieg sei schon im Gange.

Außer Kontrolle geratene Raketen, Unfälle beim Transport mit Atomwaffen, Abstürze von Bombern mit Nuklearbewaffnung (heute noch steckt eine US-Atomwaffe im Grönlandeis) kamen häufig vor. Wenn es auch zu keinen Atomexplosionen gekommen ist, gab es doch immer einen Austritt von strahlendem Material. Dies bedeutete langwierige und teure Dekontaminierungsarbeiten vor Ort. Auch bei fahrlässigem oder verbrecherischem Ausbringen von strahlenden Stoffen (wie etwa Plutonium) im zivilen Bereich sind intensive Reinigungsmaßnahmen nötig, ganz zu schweigen von der berechtigten Panik in der örtlichen Bevölkerung. Immer wieder gibt es

Schmuggel mit spaltbaren Materialien, besonders nach dem Zerfall der Sowjetunion. In Zeiten von Terror („Schmutzige Bombe") und Cyber-War ergeben sich neue, gefährliche Risiken.

Atomwaffen: Forschung, Entwicklung, Stationierung und Finanzierung

Kaum bekannt sind die enormen Kosten der Atomwaffenrüstung und für die notwendige Infrastruktur. Sie werden 2011 weltweit mit 105 Mrd. USD beziffert, Tendenz steigend. Allein die USA steht mit 61 Mrd. USD zu Buche. Eine UNO-Studie 2014 sieht für die nächsten 30 Jahre ein Volumen von 1.000 Mrd. USD als möglich vor. Großbritannien gibt für die Modernisierung der Atom-U-Boote und deren Bewaffnung rund 100 Mio. Pfund aus, vermutlich verteuert sich das Projekt noch. NGOs wie die niederländische PAX und ICAN (International Campaign to Abolish Nuclear Weapons) versuchen mit der Aktion „Don't Bank on the Bomb" Banken und Finanzinstitutionen, die Atomwaffen finanzieren, zu entlarven und an den Pranger zu stellen.

Fast alle Nuklearmächte investieren in die Neuentwicklung und in die Modernisierung ihrer Arsenale. Die USA haben die Entwicklung und Erprobung der flugzeuggestützten Atomwaffe B-61-12 abgeschlossen. Diese Waffe wird in Europa die alten US-Atomwaffen ersetzen und kann leicht in aller Welt stationiert werden. Mit variabler Sprengkraft und erhöhter Reichweite ist diese Waffe noch präziser und tödlicher. US-Atomwaffen sind in Europa in der Türkei, Belgien, Niederlande, Italien (Aviano, nahe der österreichischen Grenze) und in Deutschland (Büchel) stationiert. Im Rahmen der Nuklearen Teilhabe fliegen deutsche Flugzeuge und Piloten die Waffen ins Ziel. 2019 werden wieder monatelang Protestcamps und Blockaden in Büchel stattfinden. Immer mehr NGOs, verschiedene Religionsgemeinschaften und friedensengagierte Menschen fordern einen Verzicht auf Stationierung von NATO-Atomwaffen in Europa.

Der Nuklearwaffenverbotsvertrag – ein Verdienst der Zivilgesellschaft

Der Atomwaffen-Nichtverbreitungsvertrag (NVV/NPT) gibt im Artikel VI ein Abrüstungsgebot vor. „Jede Vertragspartei verpflichtet sich, in redlicher Absicht Verhandlungen zu führen über wirksame Maßnahmen zur Beendigung des nuklearen Wettrüstens in naher Zukunft und zur nuklearen Abrüstung (...) unter strenger und wirksamer internationaler Kontrolle". Bekanntlich fühlten sich bis heute keine der Nuklearwaffenstaaten davon angesprochen. Auf politischer Ebene, wie etwa bei der UNO in Genf oder bei den Überprüfungskonferenzen zum NPT alle fünf Jahre, gab es kein Weiterkommen. Auch ein fertiger Textvorschlag für ein Verbot, erstellt von IALANA (Intern. Juristen) und IPPNW (Ärzte zur Verhütung des Atomkriegs), wurde ignoriert.

Zahlreiche NGOs regten eine Strategieänderung an. Im Vordergrund sollten die humanitären Auswirkungen von Atomwaffen stehen und nicht politische Befindlichkeiten. In drei Konferenzen mit jeweils steigender Staatenbeteiligung (Norwegen/Oslo 2013, Mexiko/Nayarit 2014 und Österreich/Wien 2014) erfolgte zuletzt ein Durchbruch. Auf Initiative der österreichischen Diplomatie wurde von 120 Ländern der „Austrian Pledge", später „Humanitarian Pledge", für baldige Verbotsverhandlungen verabschiedet. Eine Staateninitiative aus Österreich, Brasilien, Irland, Mexiko, Nigeria und Südafrika ebnete den Weg für diese Verhandlungen durch ein Mandat der UN-Generalversammlung im Dezember 2016. Am 7. Juli 2017 wurde der vorgelegte Vertragstext von 122 anwesenden Staaten angenommen. Seit 20. September 2017 liegt der Vertrag bei der UNO in New York zur Unterschrift auf. Er tritt 90 Tage nach Hinterlegung der 50. Ratifikationsurkunde in Kraft. Der Vertrag sieht ein umfassendes Verbot jeglicher „Nähe" zu Atomwaffen vor, eröffnet Atomwaffenstaaten mehrere Optionen für einen Beitritt und bietet Opfern des Einsatzes oder durch Tests mit Nuklearwaffen Hilfe an. Mit Anfang Dezember 2018 gab es 69 Vertragsstaaten und 19 Ratifizierungen. Österreich unterschrieb als zweites Land am 20. September 2017 und ratifizierte mit Übergabe der Urkunde am 8. Mai 2018.

Friedensengagierte wurden wegen ihrer Bemühungen für einen völkerrechtlich verbindlichen Verbotsvertrag oft belächelt. Trotzdem ist er in kurzer Zeit dank der zivilgesellschaftlichen Organisationen Wirklichkeit geworden. In Österreich ist die Zusammenarbeit zwischen Außenministerium und NOGs effektiv und wertschätzend. Viel Überzeugungsarbeit bezüglich der Verweigererstaaten ist noch notwendig. So haben sich die NATO-Staaten verpflichtet, dem Vertrag derzeit nicht beizutreten. Eine jener NGOs, die sich weiter unermüdlich für ein Verschwinden der Atomwaffen einsetzt, ist ICAN (International Campaign to Abolish Nuclear Weapons). Für dieses Engagement wurde ICAN am 6. Oktober 2017 mit dem Friedensnobelpreis ausgezeichnet. ICAN-Österreich-Direktorin Nadja Schmidt betonte damals im ORF-Mittagsjournal (6.10.2017) die Delegitimierung der Atomwaffen und gab sich zuversichtlich, dass auch die Atomwaffenstaaten ihre Potentiale unter dem öffentlichen Druck abbauen werden müssen.

Das Engagement gegen Atomwaffen zeigt Erfolg. Alles ist möglich. Wagen wir es gemeinsam.

Cilja Harders, Sarah Clasen

Feministische Friedenskonzepte[1]

Einleitung

Krieg und Frieden scheinen allein personell eine „männliche" Angelegenheit zu sein. Armeen bestehen überwiegend aus männlichen Soldaten, Verteidigungsminister und Staatspräsidenten sind mehrheitlich Männer, und auch ihre „Feinde" und „Ziele" sind meistens Männer. Auf der anderen Seite stehen in der öffentlichen Wahrnehmung vor allem weibliche Kriegsopfer und – sehr viel seltener – auch Täterinnen wie etwa im Folterskandal von Abu Ghraib im Irak (2013). Diese empirischen Fakten spiegelten sich jedoch in der Friedens- und Konfliktforschung lange Zeit analytisch nicht wider: Geschlecht – männliches wie weibliches – wurde entweder nicht thematisiert oder nur als deskriptives Merkmal (etwa bei Opferstatistiken oder bei Friedensgruppen) mit einbezogen.

Ganz anders ist das in feministischen Ansätzen. Hier wird argumentiert, dass die Einbeziehung der *Geschlechterperspektive* empirisch, theoretisch und normativ von zentraler Bedeutung ist. Die feministische Theorie entfaltet einen analytischen Rahmen, der die *Geschlechterverhältnisse* als Ausdruck einer dynamischen, historisch gewachsenen, sozial, kulturell, ökonomisch und politisch strukturierten *Geschlechterordnung* auffasst (Lorber 1999). Das biologische Geschlecht (*sex*) tritt dabei gegenüber dem sozialen Geschlecht (*gender*) als Analysekategorie zurück und in dekonstruktiven Ansätzen werden beide Kategorien als gleichermaßen konstruiert betrachtet (Butler 1991). Mit Lorber vertreten wir ein mehrdimensionales Verständnis von sozialem Geschlecht als Institution, als Set von Normen und Werten, als Teil des Schichtungssystems und der Arbeitsteilung:

---

1 Beim vorliegenden Text handelt es sich um eine gekürzte und überarbeitete Fassung unseres Beitrages „Frieden und Genderain dem von Hans-Joachim Giessmann und Bernhard Rinke im Jahr 2011 beim VS-Verlag herausgegebenen „Handbuch Frieden", 2. Auflage 2019, " (S. 324–335). Wir danken Herausgebern und Verlag für die freundliche Genehmigung zum Abdruck.

„*Als soziale Institution ist gender der Prozess zur Schaffung von unterscheidbaren Ausprägungen des sozialen Status zum Zwecke der Zuweisung von Rechten und Pflichten. Als Teil des Schichtungssystems, in dem diese Ausprägungen nicht gleichrangig sind, ist gender einer der wichtigsten Bausteine der sozialen Strukturen, die auf diesen Statusungleichheiten aufbauen*" (Lorber 1999: 78).

Geschlecht interagiert zudem, wie die Intersektionalitätsforschung[2] zeigt, mit anderen Differenzkategorien wie soziale Lage, ethnisch-religiöse Identifizierung, Alter, Behinderung, oder Sexualität (Knapp 2001: 39; Tuider 2007). Entsprechend muss auch die *Geschlechterdifferenz* relational aufgefasst werden: In einem System der Zweigeschlechtlichkeit ist „männlich" immer – auch wenn es nicht thematisiert wird – „weiblich" zu- und untergeordnet, wir sprechend deshalb auch von Geschlechterverhältnissen. Die neuere Männlichkeitsforschung (Bowker 1998; Schölper 2008) entwickelt unter Rückgriff auf Connell und Bourdieu weitere Vorschläge zur Erfassung dieser Prozesse, die im Feld der „sexual division of violence" (Cockburn 2001) von erstaunlicher Konstanz sind. Dies ist wiederum auf die Eigenschaft von Geschlecht als Struktur- und Prozesskategorie zurückzuführen.

Die Frage von Friedensmöglichkeiten ist nie unabhängig von der Analyse der Ursachen von Unfrieden und hier vor allem von Gewalt zu beantworten. Aus feministischer Sicht sind dabei zwei Aspekte zentral: ungleiche Gesellschaftsstrukturen und Geschlechterkonzeptionen, die Männern und Frauen fundamental unterschiedliches Gewaltverhalten zuschreiben und damit auch zur Legitimation von Gewaltausübung beitragen, wie wir in Abschnitt 2 näher erläutern. In Abschnitt drei geht es um die Ursachen von Gewalt und welche Rolle das Geschlecht dabei spielt. Abschnitt vier befasst sich mit feministischen Friedensentwürfen, und Abschnitt 5 stellt ein ganz

---

2   Die Intersektionalitätsforschung untersucht den Zusammenhang dieser unterschiedlichen Kategorien, die materiell und diskursiv zur Produktion und Aufrechterhaltung von Ungleichheit beitragen. Umstritten ist dabei, wie viele Kategorien einbezogen werden sollen (nur die drei „wichtigsten" oder 15?) und auf welchen Ebenen Intersektionalität empirisch beobachtet werden kann (Diskurse, Handlungen, Institutionen, Subjekte, Kollektive) (vgl. McCall 2001).

konkretes Instrument zur Erfassung der geschlechtersensiblen Friedensfähigkeit von Gesellschaften, den Gender-Friedens-Index vor.

Gewalt und Geschlechterverhältnisse

Die feministische Auseinandersetzung mit Krieg und Frieden lässt sich grob in drei Diskussionsstränge gliedern. Die *erste* Gruppe von Arbeiten konzentriert sich auf eine Kritik theoretischer Konzepte von Krieg und Frieden im internationalen System, die auf ihren impliziten, geschlechterpolitischen Gehalt hin untersucht werden. Wie werden Krieg und Frieden erklärt? Welcher Zusammenhang besteht zwischen Nationalstaatlichkeit, militärischer Verteidigungskapazität und Staatsbürgerschaft (Harders/Roß 2002; Ruppert 1998; Tickner 1992; Rumpf 1995)? Wie ist der Zusammenhang von Männlichkeit und Gewalt zu verstehen?

Der *zweite* Literaturstrang umfasst Arbeiten, die sich mit dem praktischen *Engendering*, also der Sichtbarmachung von Geschlecht im konkreten Kriegs- bzw. Friedensgeschehens auseinandersetzen (Eifler/Seifert 1999, UN 2002). Dazu zählt beispielsweise die kontroverse Diskussion um Frauen und Militär, um die Rolle von Friedensmissionen, den Einbezug von Frauen in Friedensverhandlungen oder um Männer als Gewaltopfer. In diese Gruppe fallen auch quantitative Untersuchungen, die den Zusammenhang von Geschlechterverhältnissen und Krieg untersuchen (Melander 2005; Caprioli 2000).

Der *dritte* Diskussionsstrang wurzelt in der Friedens- und Frauenbewegung, beschäftigt sich mit der Entwicklung feministischer Gegenentwürfe (Wasmuht 2002; Hedinger 2000) und reicht von liberalen Gleichstellungsansätzen bis hin zu Forderungen nach radikaler Umgestaltung der herrschenden Macht- und Geschlechterverhältnisse. Allen Friedensperspektiven ist aber gemeinsam, dass sie mehr als einen negativen Frieden fordern. Das heißt, dass ihre Modelle über die Abwesenheit von organisierten Kampfhandlungen hinausweisen. Frieden zwischen den Geschlechtern gehört ebenso dazu wie die Herstellung von sozialer Gerechtigkeit in globaler Perspektive.

Das Motto der *Frauenbewegung* „Das Private ist politisch" lässt sich auch in die Friedensforschung übertragen und entsprechend kann die Sicherheitsfrage aus der Perspektive des Privaten gestellt werden. Dann zeigt sich, dass die Sicherheit von Staaten nicht identisch ist mit der Sicherheit seiner Bewohnerinnen. Ein besonders eklatantes Beispiel dafür ist die häusliche Gewalt gegen Frauen. Weltweit sind zwischen 10% und 50% aller Frauen mindestens einmal in ihrem Leben von häuslicher Gewalt durch einen intimen Partner betroffen (WHO 2005). Häusliche Gewalt und andere Formen sexualisierter Gewalt – die hier so genannt werden, um zu verdeutlichen, dass es sich dabei nicht um eine Ausdrucksform von Sexualität, sondern um eine Form der Machtausübung handelt – stellen also ein elementares Sicherheits- und Demokratieproblem dar. Das Ausmaß privatisierter geschlechtsspezifischer Gewalt kann dazu führen, dass auch in Friedenszeiten Unfrieden den Alltag von Frauen prägt (vgl. Clasen/Zwingel 2009). Hagemann-White definiert Gewalt als

„die Verletzung der körperlichen und seelischen Integrität eines Menschen durch einen anderen. Unsere Aufmerksamkeit richtet sich noch genauer auf diejenige Gewalt, die mit der Geschlechtlichkeit des Opfers wie des Täters zusammenhängt. Hierfür prägen wir den Begriff: Gewalt im Geschlechterverhältnis" (Hagemann-White 1992: 22).

Diese Definition bezieht sich auf direkte Gewalt, die beide Geschlechter erfahren (Verletzung körperlicher und seelischer Integrität) und bettet diese ein in ein strukturelles Geschlechterverhältnis (Geschlechtlichkeit des Opfers wie des Täters). Es wird also nicht von einer geschlechtlich eindeutig definierten Täter- oder Opfergruppe ausgegangen.

Allerdings sind die Formen der nur scheinbar privaten Gewalt in Friedenszeiten eng mit den geschlechtsspezifischen Gewaltformen des Krieges verbunden. Oft enden sie nicht nach dem Abschluss offizieller Friedensverhandlungen. Die Stationierung ausländischer Truppen verschärft häufig Probleme der sexuellen Ausbeutung von Frauen, indem rund um Truppenstandorte Prostitution stark nachgefragt wird. Frauen sind dann besonders verletzlich für Ausbeutung und Gewalt. Gleichzeitig lässt die Heimkehr demobilisierter Soldaten das Ausmaß häuslicher Gewalt häufig drastisch ansteigen (Cockburn/Hubic 2002; Enloe 2000). Zugleich sind die militärischen Opfer von Kriegen mehrheitlich männlich, ebenso wie die Mehrheit verurteilter Straftäter und ihre zivilen Opfer männlich sind. Die soziale Praxis der Gewaltausübung und Gewalterfahrung ist also zutiefst vergeschlechtlicht. In den meisten Gesellschaften haben Frauen einen eingeschränkten Zugang zu Gewaltmitteln, man kann in Anlehnung an die geschlechtliche Arbeitsteilung auch von einer „Sexual Division of Violence" (Cockburn 2001: 10) sprechen. Die Ursachen für dieses weltweit beobachtbare Phänomen liegen auf der Ebene der symbolischen und materiellen Geschlechterordnungen.

Ursachen von Gewalt: Geschlechterbilder und Geschlechterpraxen

Die Geschlechterbilder, die unsere Wahrnehmung von Geschlecht in Krieg und Frieden prägen, sind erstaunlich konstant: Männer kämpfen und Frauen nicht. In diesem System kommunizierender Röhren stehen auf der einen Seite dabei der „Soldat" und der „Staatsmann" und auf der anderen Seite die „schöne Seele" und die „Kriegermutter" (Elshtain 1987: 4). Politiker und Krieger stehen Frauen gegenüber, denen die widersprüchlichen Rollen einer „natürlichen Trösterin" oder einer „mütterlichen Patriotin" zugewiesen sind. Die „schöne Seele" repräsentiert die Tröstungen und den Schutzbedarf der kriegsabgewandten, der „natürlich friedfertigen" Frau, während die aggressive „Kriegermutter" den kriegerischen Konflikt aktiv unterstützt (ebd.: 191). Beide Rollen sind gerade in ihrer scheinbaren Gegensätzlichkeit elementar für die Konstruktion militarisierter Geschlechtscharaktere, sie gehören zusammen. Der Soldat muss ebenfalls sowohl „weibliche" Opferbereitschaft und Liebe als auch „männliche" Kampfbereitschaft miteinander verbinden. *Geschlechterdifferenz* wird auch über die Zuweisung von Aktivität und Passivität hergestellt. „Männer" agieren Opferbereitschaft aggressiv als Soldaten aus, während „Frauen" sie als Zivilistinnen erleiden (Mordt 2002: 68). In ähnlicher Weise greifen auch extremer Nationalismus und Militarismus ineinander: „Der nationalistische Diskurs zielt darauf ab, eine dominante, hyperaktive und kampfbereite Männlichkeit und eine domestizierte, passive und verwundbare Weiblichkeit ins Leben zu rufen" (Cockburn/Hubic 2002: 125).

Insofern dienen diese Geschlechterbilder auch dazu, Gewalt als Mittel der *Konfliktbearbeitung* als natürlich und angemessen erscheinen zu lassen (Harders 2004). Krieg als sozialer Prozess muss von der Mehrheit der Gesellschaft als legitim betrachtet werden, damit er ausgetragen werden kann. Das ist auch das Ergebnis von Joshua Goldsteins umfassender Studie: Gewalt und Krieg sind weder für Frauen noch für Männer normal oder biologisch gegeben, die Gewaltbereitschaft einer Gesellschaft muss hergestellt werden (Goldstein 2001: 251ff.). Dies geschieht in historisch und kulturell je spezifischer Weise. Die Prozesse der symbolischen und praktischen Zurichtung der Geschlechterbilder und -praktiken sind dabei zentral. Laut Goldstein sind die geschlechtsspezifischen Zuweisungen von Aggression und Friedfertigkeit in der Kindererziehung, die soziale Belohnung „männlich-aggressiven Verhaltens", die Organisation weiblicher Unterstützung für kampfbereite Männer und die Abwertung von „weiblichen Eigenschaften" ursächlich (a.a.O.). Ähnlich argumentieren Reardon (1985), Bourdieu (2005), Hagemann-White (2001), Connell (2005) und Meuser (1998). Geschlechtsspezifisches Gewaltverhalten ist dann gleichermaßen Ergebnis gesellschaftlicher und habitueller Strukturen wie auch eine Identitätsressource für soziale Praxis.

Streicher identifiziert vier Kategorien (Positionierung, Normalisierung und Erwartung, Re-Etablierung und Wettbewerb) entlang derer Gewaltausübung als vergeschlechtlichtes Phänomen (Streicher 2010). Mit „Positionierung" ist im Bordieu'schen Sinne gemeint, dass der männliche Geschlechtshabitus immer das Potential in sich trägt, Gewalt zu praktizieren, und dass dies gesellschaftlich als weitgehend normal angesehen wird. Zugleich unterstützt die Erfahrung von Gewalt die Inkorporierung und Habituierung von eigenen Gewaltpraxen. Die habitualisierte Disposition, Gewalt anzuwenden, ist eng verknüpft mit kulturellen Aspekten von Gewaltanwendung, wie sie in den oben diskutierten Geschlechterbildern zum Ausdruck kommt. Drittens ist Gewalt eine Identitätsressource für „Doing Masculinity", um männliche Dominanz zu re-etablieren, die durch sozio-ökonomische Entwicklungen geschwächt wurde. Klassisch ist hier der Fall, dass etwa Männer ihre Familienversorgerrolle nicht wahrnehmen können und aus diesem Grunde Gewalt anwenden, um ihre eigentlich geschwächte Position zu re-etablieren. Nicht zuletzt ist Gewaltanwendung als Wettbewerb unter Männern, also als homosoziales Machtspiel, aufzufassen. Durch solche sozialisierenden Mechanismen werden gewaltoffene Männlichkeiten ausgeübt und aufgebaut, denen, wie oben gezeigt „friedvolle" und verletzbare Weiblichkeiten korrespondieren. Damit ist natürlich nicht gesagt, dass Frauen keine Täterinnen sind und Männer keine Opfer. Im Gegenteil haben Frauen als Mitglieder einer dominanten ethno-politischen oder sozialen Klasse ebenso wie männliche Akteure eventuell ein Interesse an der Eskalation und Aufrechterhaltung von Gewalt, da sie damit unmittelbar materielle und nicht-materielle Machtgewinne verbinden können. Frauen sind als aktive oder passive Unterstützerinnen militarisierter Männlichkeit an der Aufrechterhaltung gewaltbereiter Konfliktkultur beteiligt (Kretzer 2009). Sie unterstützen als Soldatinnen, Krankenschwestern, Versorgerinnen, Waffenproduzentinnen oder Schmugglerinnen den bewaffneten Konflikt. Auch marginalisierte Frauen können von gewaltvollen Konflikten ökonomisch profitieren, etwa, wenn sie in klassischen Versorgerinnen-Rollen als Händlerinnen für Truppen tätig sind. Als Täterinnen, Mittäterinnen und Unterstützerinnen einer gewaltsamen Konfliktkultur sind sie ebenso wie Männer daran beteiligt, dass Konflikte eskalieren oder de-eskalieren wie nicht zuletzt die Folterskandale im Krieg gegen den Irak im Jahr 2003 gezeigt haben (Harders 2004; McKelvey 2007).

Von der Gewalt zum Frieden: Feministische Friedenskonzepte

Frauen stehen als Friedensaktivistinnen in einer langen Tradition. Schon der Grieche Aristophanes berichtet in „Lysistrata" von den ersten „Friedenstreiberinnen" (Scheub 2004), die mit der Verweigerung von Sexualität ihre Ehemänner erfolgreich von der Kriegsführung abhalten konnten. „Weibliches Wesen, weiblicher Instinkt sind identisch mit Pazifismus", schreibt Lida Gustava Heymann, Pazifistin und Frauenrechtlerin der ersten deutschen Frauenbewegung 1922 in einem Antikriegsflugblatt. Sie erklärt diese Feststellung mit dem Hinweis auf das „weibliche aufbauende Prinzip", das durch „gegenseitige Hilfe", „Güte", „Verstehen" und „Entgegenkommen" gekennzeichnet ist (zit. n. Hagemann-White 1998: 13). Gegenwartsautorinnen und Aktivistinnen der neuen Frauenbewegung schließen in unterschiedlicher Weise an die Heymann'sche Argumentationsfigur an.

Einigkeit besteht darin, dass Geschlechtergerechtigkeit eine unverzichtbare Voraussetzung für den Frieden ist. Ausgeprägte differenztheoretische Analyseperspektiven finden sich beispielsweise im

Konzept des „Maternal Thinking" (Ruddick 1989), einer weiblichen Ethik der Fürsorge (Gilligan et al. 1991) oder in Margarete Mitscherlichs Untersuchung der „friedfertigen Frau" (Mitscherlich 1985). Diese Perspektive „positiver Weiblichkeit" greift auf die oben beschriebene Dichotomie von „schöner Seele" und „Soldat" zurück. Sie mündet in einen Pazifismus, der zu Essentialisierungen im Sinne einer „natürlichen" Friedfertigkeit der Frau neigt. Frauen werden in diesem Modell nur als Kriegsopfer oder aber als machtlose Gehilfinnen des Krieges imaginiert, Männer hingegen als strukturell gewalttätig (Albrecht-Heide/Bujewski-Crawford 1991: 10). Auf politischer Ebene wären demgemäß Einmischungen von Frauen in die „männliche" Welt des Krieges und der Gewalt für eine Veränderung des Systems des Unfriedens sogar kontraproduktiv. Der Gedanke, dass sich im Krieg das Männlichkeitsideal erfüllt, findet sich kritisch gewendet in den Analysen radikal-feministischer Denkerinnen wieder, die Krieg zwischen Staaten lediglich als einen Ausdruck allumfassender patriarchaler Gewalt gegen Frauen betrachten. Die Feministin Betty Reardon (1985) entwickelt die Vision eines globalen Friedenssystems, in dem „positive weibliche Werte" für die Transformation des Kriegssystems genutzt werden könnten. Solche essentialistischen Positionen inspirieren oft die friedenspolitische Praxis von Frauen, die daraus eine „mütterliche" Legitimation von Friedensaktivitäten entwickeln (Cockburn/Hubic 2002). Sie bietet wichtige Anknüpfungspunkte für das „Empowerment" von Frauen, da Frauen vor diesem Argumentationshintergrund aktiv werden und sich in das Nachkriegsgeschehen einmischen.

So können Frauen aufgrund ihrer spezifischen Situation, häufig nicht direkt in bewaffnete Kämpfe verwickelt zu sein, einen besonders wichtigen Beitrag zur Friedenssicherung leisten. Sie sollten deshalb auch an offiziellen Friedensverhandlungen beteiligt sein. Dies gilt auf der Ebene der Quoten und mit Blick auf Inhalte. So haben Frauen oftmals die zivile Ebene viel stärker im Blick als heimkehrende Soldaten, parteigebundene Minister und internationale Akteure. Sie denken an Versorgung mit Essen, an sicheren Zugang zu Bildung und Gesundheit. Diese Expertise muss im Sinne des *Gender-Mainstreamings* auch in den Wiederaufbau eines Staates, einer Gemeinde oder eines Dorfes einfließen. Denn ein Frieden, der die Hälfte der Bevölkerung und ihre spezifischen Bedürfnisse ignoriert, ist unvollständig und undemokratisch. Die internationale *Frauenbewegung* konnte 1995 mit der Weltfrauenkonferenz in Peking (ein Jahr nach Bekanntwerden der Massenvergewaltigungen im ehemaligen Jugoslawien) erstmals die weibliche Sicht auf Krieg und Frieden auch institutionell einbringen. Fünf Jahre später bereitete die *Resolution 1325 (2000) der Vereinten Nationen* einen politischen und rechtlichen Rahmen für die Implementierung feministischer Friedensforderungen. Partizipation und Protektion von Frauen stehen ebenso im Vordergrund wie die Konfliktprävention. *Resolution 1820 (2008)* nimmt eine alte Forderung der transnationalen Frauenfriedensbewegung auf und erklärt Vergewaltigung im Krieg zur Bedrohung für den Weltfrieden und erleichtert damit die völkerrechtliche Strafverfolgung und Stigmatisierung sexualisierter Gewalt. Die theoretische Herausforderung besteht nun darin, nicht-essentialistische feministische Friedenskonzepte zu denken, die an sozialen Erfahrungen von Frauen anknüpfen, ohne daraus „natürliche" weibliche Dispositionen zum Frieden abzuleiten.

Dimensionen eines gendersensiblen Friedensbegriffs und der „Gender-Friedens-Index" (GFI)

Feministische Friedenstheoretikerinnen wie J. Ann Tickner (1992), Cynthia Enloe (2000), Ulrike Wasmuth (2002), Tordis Batscheider (1993), Betty Reardon (1985) und andere haben hierzu wichtige Beiträge geleistet. Frieden wird dabei verstanden als die Abwesenheit von direkter und *struktureller Gewalt*. Ein solches Konzept bezieht sich auf Ansätze zur *menschlichen Sicherheit* und geht davon aus, dass eine Mischung von politischen, ökonomischen, rechtlichen und sozialen Bedingungen erfüllt sein muss, wenn von Frieden die Rede sein soll. Der Ansatz der menschlichen Sicherheit erweitert traditionelle staatsbasierte Sicherheitskonzepte und richtet den Fokus vor allem auf Gruppen, die im internationalen Recht nicht ausdrücklich eingeschlossen sind: Ältere, Flüchtlinge und lange Zeit eben auch Frauen. Dies bedeutet für eine nachhaltige Friedenspolitik, dass sie nicht nur die Situationen von Frauen und Männern bedenken, sondern sich auch mit den gesellschaftlichen Geschlechterkonstruktionen befassen muss, die sich für einen gewaltförmigen Konfliktaustrag missbrauchen lassen könnten.

Die oben beschriebenen Gleichungen wie „Männlichkeit verbunden mit Stärke gleich Gewalt, Weiblichkeit assoziiert mit Schwäche gleich Opfer" lassen sich nicht in eine nachhaltige Friedenspolitik umsetzen. Erforderlich ist eine Bandbreite an Geschlechterrollen, die jenseits von Essentialisierung und Hierarchisierungen friedensfördernd sind. Frieden aus feministischer Sicht bedeutet mehr als nur die Abwesenheit von physischer Gewalt, er bedeutet auch die Herstellung von sozialer Gerechtigkeit einschließlich von Geschlechtergerechtigkeit. Damit geht auch eine Überwindung einer Geschlechterdifferenz einher, die durch Auf- bzw. Abwertung konstruiert wird. Ein nächster Schritt ist im Sinne der Intersektionalitätsforschung die Befreiung aller Differenzkategorien von ihrer Funktion als Platzanweiser in einer hierarchischen Gesellschaftsordnung.

Ein ähnlich nachhaltiges und positives Friedenskonzept, welches über die reine Abwesenheit von Krieg bzw. Kampfhandlungen hinausgeht, ist in den 1970er Jahren in der damals noch überwiegend genderblinden Friedensforschung auch angedacht worden. Ernst-Otto Czempiel entwickelte 1972 einen prozessorientierten Friedensbegriff, der sich nicht nur auf Staaten, sondern auch und gerade auf einzelne Individuen bezieht. Czempiel postuliert, dass die Existenzentfaltung und Existenzerhaltung jedes Individuums in einer kriegsfreien Gesellschaft die unabdingbare Voraussetzung für einen nachhaltigen Frieden darstellt (Czempiel 1972). Dieses prozessuale Verständnis von Frieden wird in Anlehnung an Clasen (2006) mit den Erkenntnissen feministischer Forschung verknüpft, die ungleiche und repressive Geschlechterverhältnisse als Gewaltverhältnisse begreift und genau hier ansetzen will, um Gesellschaften und Staaten friedensfähiger werden zu lassen. Wie lassen sich diese Überlegungen nun in einen konkreten geschlechtersensiblen Friedensbegriff überführen?

Frieden wird hier definiert als „die Abwesenheit von organisierter, direkter Gewalt, nicht nur auf der kollektiven, sondern auch auf der personalen Ebene" (Clasen 2006: 45). Das heißt: Grundsätzlich muss eine Gesellschaft über gewaltfreie Konfliktaustragungsformen verfügen und diese auch nutzen. An ihrer Entwicklung sollen verschiedene gesellschaftliche Gruppen beteiligt gewesen sein. Die Eintrittschance eines gewaltsamen kollektiven Konfliktaustrags nach innen oder außen soll praktisch null betragen. Czempiel definiert nun neben diesen grundsätzlichen Bedingungen drei weitergehende Friedensbedingungen, die im Folgenden mit feministischen Erkenntnissen verknüpft und spezifiziert werden sollen.

Erste Friedensbedingung: die Existenzerhaltung jedes Menschen. Diese bezieht sich aus feministischer Perspektive sowohl auf die öffentliche als auch die private Sphäre. Indikatoren für die Messbarkeit der Existenzerhaltung können in einer ausgeglichenen sex-ratio, also dem quantitativen Verhältnis von Männern und Frauen in einer Gesellschaft, und der Abwesenheit von häuslicher und öffentlicher Gewalt liegen. Wieso sind diese Indikatoren geeignet? Um perspektivisch eine Veränderung ungerechter Geschlechterrollen vornehmen zu können, ist es in einem ersten Schritt wichtig, die physische Sicherheit jedes Menschen zu schützen. Erste Anzeichen für eine Vernachlässigung dieser Friedensbedingungen können die oben genannten Kriterien geben. Das zahlenmäßige Verhältnis der Geschlechter kann Hinweise über die Diskriminierung eines Geschlechts liefern, die strukturell angelegt ist. Geschlechterselektive Abtreibungen führen zu einer Überzahl männlicher Säuglinge, was etwas über die gesellschaftliche Unerwünschtheit von Frauen aussagt. Öffentliche und private Gewaltakte verhindern oder schränken die Existenzerhaltung zumindest ein.

Zweite Friedensbedingung: die Existenzentfaltung eines Menschen. Sie wird über den Wert der Gleichberechtigung/Gleichstellung der Geschlechter operationalisiert. Dabei orientieren wir uns am Gender-related Development Index (GHDI) und Gender Empowerment Index (GEM) der Vereinten Nationen, die die Lebenserwartung von Männern und Frauen, das Wissen (Alphabetisierungsrate und Schulabschlüsse), einen angemessenen Lebensstandard (hier wird das Einkommen relativ zum durchschnittlichen Bevölkerungseinkommen gewertet) und die Teilhabe an politischen Entscheidungsprozessen erfassen. So wiesen quantitative Studien nach, dass ein erhöhter Anteil von Frauen in politischen und ökonomischen Entscheidungspositionen einen verminderten Grad an staatlicher Gewalttätigkeit zur Folge hat (Melander 2005; Caprioli 2000). Diese Studien nehmen allerdings ungleiche Geschlechterverhältnisse als gegeben an und tragen von daher mehr zur Illustration als zur tatsächlichen Erklärung des Zusammenhangs zwischen Geschlechtergleichheit und Friedensfähigkeit bei.

Dritte Friedensbedingung: Rollenpluralismus. Dieser Friedensdimension ist der größte Nachhaltigkeitswert beizumessen, da davon auszugehen ist, dass bei Verwirklichung der ersten beiden Friedensbedingungen auch Potential für die Veränderung von Geschlechterstereotypen wie beispielsweise gewaltförderliche Konzepte von Maskulinität und deren Veränderung vorhanden ist. Rollenpluralismus zählt zur Ebene der strukturellen Friedensursachen, deren Erfolgschancen nach allen Studien über den Zusammenhang von Geschlecht, Gewalt und Krieg groß zu sein scheint. Die Besonderheit des Rollenpluralismus liegt darin, dass jede/r Träger/in einer sozialen Rolle abhängig von seiner/ihrer Position im sozialen System bestimmten Normen folgt, die sich aus einem gemeinsamen Wertesystem ableiten lassen. In einer Gesellschaft, die pluralistische Rollenbilder zulässt und gleichzeitig Aushandlungssysteme bereithält, um diese Rollen gleichermaßen anzuerkennen und ihre verschiedenen Interessen und Bedürfnisse zufriedenstellend auszugleichen, ist davon auszugehen, dass konfligierende Beziehungen gewaltfrei gelöst werden:

„Die gesellschaftliche Vorbedingung des Friedens ist eine pluralistische Gesellschaftsorganisation, die die prinzipielle Anerkennung zwischen den einzelnen Individuen und Gruppen als Struktur institutionalisiert und darauf den Entwurf nach außen gerichteter Leitbilder angelegt hat" (Czempiel 1972: 64).

Der Gender-Friedens-Index GFI umfasst fünf Dimensionen, in denen die geschlechtersensible Friedensfähigkeit von Gesellschaften erfasst wird: eine ausgeglichene sex-ratio, ein geringer Grad an häuslicher Gewalt, ein geringer Grad an öffentlich ausgeübten Gewaltakten in der Dimension der Czempiel'schen Existenzerhaltung und Geschlechtergleichstellung (Lebenserwartung, Alpahbetisierungsgrad, Schulabschlüsse, Fruchtbarkeitsrate, ökonomische und politische Teilhabe) sowie Rollenpluralismus auf der Ebene der Czempiel'schen Existenzentfaltung. Damit sind nicht nur empirische Indikatoren für die Messung von Friedensfähigkeit einer Gesellschaft benannt, sondern auch konkrete Ansatzpunkte für die Förderung und Stärkung von gendersensiblen gesellschaftlichen Friedenspotenzialen.

Literatur

Albrecht-Heide, Astrid/Bujewski-Crawford, Utemaria (1991): Frauen – Krieg – Militär. Images und Phantasien. Tübingen: Instituts für Friedenspädagogik.

Batscheider, Tordis (1993): Friedensforschung und Geschlechterverhältnis. Zur Begründung feministischer Fragestellung in der kritischen Friedensforschung. Marburg: Bund demokratischer Wissenschaftlerinnen.

Bourdieu, Pierre (2005): Die männliche Herrschaft. Frankfurt a.Main: Suhrkamp.

Bowker, Lee Harrington (Hrsg.) (1998): Masculinities and Violence. London, New Delhi.

Butler, Judith (1991): Das Unbehagen der Geschlechter. Frankfurt/M.: Suhrkamp.

Caprioli, Mary (2000): Gendered Conflict. In: *Journal of Peace Research*, Vol. 37, No. 1, S. 51–68.

Clasen, Sarah (2006): „Engendering Peace". Eine gendersensitive Weiterentwicklung des Czempielschen Friedensmodells. Unveröffentlichte Magistraarbeit. Universität Tübingen: Institut für Politikwissenschaft.

Clasen, Sarah/Zwingel, Susanne (2009): Geschlechterverhältnisse und Gewalteskalation. In: PVS Sonderheft, Nr. 43, S. 128–149.

Cockburn, Cynthia/Meliha Hubic (Hrsg.) (2002): The Postwar Moment. Militaries, Masculinities and International Peacekeeping. London.

Cockburn, Cynthia (2001): The Gender Dynamic. In: Peace News, No. 2443, London, June-August 2001, S. 10–11.

Connell, Robert W. (2005): Masculinities. 2. Auflage. Berkeley: University of California Press.

Czempiel, Ernst-Otto (1972): Schwerpunkte und Ziele der Friedensforschung. Mainz/München: Grünewald-Kaiser.

Eifler, Christine/Seifert, Ruth (Hrsg.) (1999): Soziale Konstruktion. Militär und Geschlechterverhältnis. Münster: Verlag Westfälisches Dampfboot.

Elshtain, Jean Bethke (1987): Women and War. Chicago: University of Chicago Press.

Enloe, Cynthia (2000): Maneuvers: The International Politics of Militarizing Women's Lives. Berkeley: University of California Press.

Gilligan, Carol/Rogers, Annie G./Tolman, Deborah (Hrsg.) (1991): Women, Girls and Psychotherapy: Reframing resistance. Birmingham, NY: Haworth Press.

Goldstein, Joshua S. (2001): War and Gender. Cambridge: Cambridge University Press.

Hagemann-White, Carol (1992): Strategien gegen Gewalt im Geschlechterverhältnis: Bestandsanalyse und Perspektiven. Pfaffenweiler: Centaurus.

Hagemann-White, Carol (1998): Subjektbezogene Theorien zur Geschlechtersozialisation. Psychoanalytische Ansätze. In: Horstkemper, Marianne/Peter Zimmermann (Hrsg.) (1998): Zwischen Dramatisierung und Individualisierung. Geschlechtstypische Sozialisation im Kindesalter. Opladen: Leske + Budrich, S. 17–46.

Hagemann-White, Carol (2001): European Research on the Prevalence on Violence against Women. In: Violence Against Women, Vol. 7, S. 732–759.

Harders, Cilja (2004): Neue Kriegerinnen. Lynndie England und Jessica Lynch. In: Blätter für deutsche und internationale Politik, Heft 9/2004, S. 1101–1111.

Harders, Cilja/Bettina Roß (Hrsg.) (2002): Geschlechterverhältnisse in Krieg und Frieden. Perspektiven der feministischen Analyse internationaler Beziehungen. Opladen: Leske + Budrich.

Hedinger, Sandra (2000): Frauen über Krieg und Frieden. Bertha von Suttner, Rosa Luxemburg, Hannah Arendt, Betty Reardon, Judith Ann Tickner, Jean Bethke Elshtain. Frankfurt am Main: Campus Verlag.

Knapp, Gudrun-Axeli (2001): Dezentriert und viel riskiert. Anmerkungen zur These vom Bedeutungsverslust der Kategorie Geschlecht. In: Knapp, Gudrun-Axeli and Angelika Wetterer (Hrsg): Soziale Verortung der Geschlechter. Münster: Westfälisches Dampfboot, S. 15–62.

Kretzer, Annette (2009): Der erste britische Ravensbrück-Prozess 1946/47 in Hamburg. Berlin: Metropol.

Lorber, Judith (1999): Gender-Paradoxien. Opladen: Leske + Budrich.

McCall, Leslie (2001): The Complexity of Intersectionality. In: Signs. Journal of Women in Culture and Society 30 (3), 1771–1799.

McKelvey, Tara (Hrsg.) (2007): One of the Guys: Women as Aggressors and Torturers. Emeryville, CA: Seal Press.

Melander, Erik (2005): Political Gender Equality and State Human Rights Abuse. In: Journal of Peace Research, Vol. 42, Nr. 2, S. 149–166.

Meuser, Michael (1998): Geschlecht und Männlichkeit: Soziologische Theorie und kulturelle Deutungsmuster. Opladen: Leske + Budrich.

Mitscherlich, Margarete (1985): Die friedfertige Frau: eine psychoanalytische Untersuchung zur Aggression der Geschlechter. Orig.-Ausg., 6. Auflage. Frankfurt a. M.: Fischer.

Mordt, Gabriele (2002): Das Geschlechterarrangement in der klassischen Sicherheitspolitik. In: Harders, Cilja/Roß, Bettina (Hrsg.): Geschlechterverhältnisse in Krieg und Frieden. Opladen: Leske + Budrich, S. 61–78.

Reardon, Betty A. (1985): Sexism and the War System. New York [u.a.]: Teachers College Press.

Ruddick, Sarah (1989): Maternal Thinking: Toward a Politics of Peace. Boston: Beacon Press.

Rumpf, Mechthild (1995): Staatsgewalt, Nationalismus und Krieg. Ihre Bedeutung für das Geschlechterverhältnis. In: Kreisky, Eva/Sauer, Birgit (Hrsg.): Feministische Standpunkte in der Politikwissenschaft. Eine Einführung, Frankfurt/M./New York: Campus Verlag, S. 223–254.

Ruppert, Uta (Hrsg.) (1998): Lokal bewegen – global verhandeln. Internationale Politik und Geschlecht. Frankfurt/M., New York: Campus.

Scheub, Ute (2004): Friedenstreiberinnen. Elf Mutmachgeschichten aus einer weltweiten Bewegung. Giessen: Psychosozial Verlag.

Schölper, Dag (2008): Männer und Männlichkeitsforschung – ein Überblick. http://web.fu-berlin.de/gpo/pdf/dag_schoelper/dag_schoelper.pdf (Zugriff: 10.02.2010).

Streicher, Ruth (2010): The Construction of Masculinities and Violence: 'Youth Gangs' in Dili, East Timor. Unveröffentlichte Diplomarbeit. Freie Universität Berlin: Working Papers der Arbeitsstelle Politik des Vorderen Orients. http://*www.polsoz.fu-berlin.de/.../vorderer-orient/index.htm*

Tickner, Judith Ann (1992): Gender in International Relations: Feminist Perspectives on Achieving Global Security. New York: Columbia University Press.

Tuider, Elisabeth (2007): Diskursanalyse und Biographieforschung. Zum Wie und Warum von Subjektpositionierungen. In: Forum Qualitative Sozialforschung, Vol. 8, No. 2, Art. 6.

United Nations (UN) (2000): Resolution 1325 adopted by the Security Council at its 4213th meeting on 31.10. 2000. New York: United Nations Security Council, S/RES/1325.

United Nations (UN) (2002): Report of the Secretary-General on Women, Peace and Security. New York: United Nations Security Council, S/2002/1154.

United Nations UN (2008): Resolution adopted by the Security Council "Women and Peace and Security". New York: United Nations Security Council, S/RES/1820.

Wasmuht, Ulrike (2002): Warum bleiben Kriege gesellschaftsfähig? Zum weiblichen Gesicht des Krieges. In: Harders, Cilja/Roß, Bettina (Hrsg.) (2002): Geschlechterverhältnisse in Krieg und Frieden. Perspektiven der feministischen Analyse internationaler Beziehungen. Opladen: Leske + Budrich, S. 87–103.

World Health Organization (WHO) (2005): WHO Multi-country Study on Women's Health and Domestic Violence against Women. Geneva: WHO.

World Peace Forum (Hrsg.) (2004): World Peace Index: 2004. Assessing the State of Peace in the Nations of the World. Seoul, Korea.

Internetquellen

United Nations (UN) 2010: Armed Conflict and Women – 10 Years of Security Council Resolution 1325,

http://www.un.org/wcm/content/site/chronicle/home/archive/issues2010/empoweringwomen/armedconflictandwomenscr1325 (Zugriff: 23.07.2010).

Gunda-Werner-Institut für Feminismus und Geschlechterdemokratie: https://www.gwi-boell.de/de/themen/frieden-sicherheit/gewalt-konflikt

Informationen und Quellen zu Geschlechterverhältnissen und Empowerment: http://www.un.org/womenwatch

Oxford Handbook of Gender and Conflict für einen allgemeinen Einstieg ins Thema: http://www.oxfordhandbooks.com/view/10.1093/oxfordhb/9780199300983.001.0001/oxfordhb-9780199300983

Bundeszentrale für politische Bildung: http://www.bpb.de/internationales/weltweit/innerstaatliche-konflikte/54761/gender-und-konfliktbearbeitung

Die Women International league for peace and freedom hat viele interessante interviews, statement und policy proposals zu dem Thema:https://wilpf.org/

Ein Interview mit Winfried Wolf

„Das Engagement für Frieden und gegen Krieg ist so wichtig wie selten zuvor!"
Jahrzehntelange Antikriegsarbeit – eine Zwischenbilanz.

Anfang 2019 könnte man in Sachen Kriegsgefahren bzw. Friedenshoffnungen ja etwas Hoffnung schöpfen: Die USA ziehen ihre Truppen aus Syrien zurück. Der IS scheint weitgehend besiegt. In Jemen gibt es Waffenstillstandsgespräche. Eine direkte Konfrontation USA – Nordkorea scheint vom Tisch. Und vielleicht kommen sich ja sogar die beiden Alpha-Tiere Trump und Putin wieder näher.

Ja. Es gibt diese Hoffnungsschimmer. Aber sie wärmen auch nur kurzzeitig und oberflächlich. Bei allen Konfliktfeldern kann man auch das Kritische und Negative hervorkehren. In Syrien droht ein Einmarsch der Türkei – und damit die blutige Beendigung des Demokratieversuchs in Rojava. Die Wirtschaftskrise in der Türkei könnte die kriegerischen Absichten Erdogans nochmals verstärken – eben das klassische Motiv: Mit einer außenpolitischen Aktion kann man von der innenpolitischen Misere ablenken. Auch ist die Tatsache, dass die kurdische Seite Assad und die Truppen der syrischen Regierung um Hilfe bitten muss, eher beunruhigend. Das Assad-Regime hat in der Vergangenheit die kurdischen Autonomie-Bestrebungen bekämpft – auch mit brutalen Mitteln, dem Verbot des Tragens kurdischer Tracht und des Praktizierens der kurdischen Sprache. Im Jemen ist es ja eher so, dass wir alle beschämt sein müssen, wie wenig gegen diesen schrecklichen Krieg in den vergangenen fünf Jahren getan wurde und wie niedrig der Informationsstand dazu ist. Dabei gibt es erhebliche Rüstungsexporte aus der EU nach Saudi Arabien, die im Krieg im Jemen eingesetzt wurden, darunter große Exporte des deutschen Rüstungskonzerns Rheinmetall, die über ein Rheinmetall-Werk auf Sardinien in das Kriegsgebiet geschleust wurden und wohl weiter von dort an die Kriegsparteien gehen.[1]

Im November 2018 las ich das Buch von Bob Woodward „Fear" – über die Zustände im Weißen Haus unter Trump. Danach gab es 2017 und bis Frühjahr 2018 mindestens zweimal eine Situation, in der der

US-Präsident kurz davor war, einen großen Krieg vom Zaun zu brechen. Darunter auch die Gefahr eines atomaren Erstschlags gegen Nordkorea. Hier kommen drei gefährliche Aspekte zusammen: Erstens die präsidialen Vollmachten, über die ein US-Präsident verfügt. Zweitens der erratische, irrationale Charakter der Person Donald Trump. Und drittens die engen Verbindungen von Trump und seinem Clan – den Leuten in seiner Regierung, aber auch den Mitgliedern seiner Familie – zur US-Rüstungsindustrie. Auch ein großer Krieg kann von Trump als „guter Deal" verkauft werden, als Deal mit dem Militärisch-Industriellen Komplex, der ja für Hunderttausende Arbeitsplätze steht. Das hat auch System – es ist kein Zufall, dass im Niedergang eines imperialistischen Systems so durchgeknallte Typen wie Trump nach oben gespült werden. Hitler war eine ähnliche Figur – individuell irrational, geistig beschränkt, wenn auch bauernschlau – aber zugleich Ausdruck der herrschenden Klasse, die es nochmals mit einem Weltkrieg versuchen wollte, den eigenen, rein wirtschaftlich verlorenen Kampf um die Märkte zu gewinnen – nunmehr militärisch und mit Russisch Roulette.

Auf den Militärisch-Industriellen Komplex sollten wir noch zurückzukommen. Doch zunächst etwas zu deinem Engagement in Sachen Frieden und dessen Geschichte. Du bist ja seit Jahrzehnten in Sachen Frieden nicht nur unterwegs, sondern höchst konkret aktiv. Mich interessiert, wie es zu deinem langjährigen Engagement für den Frieden kam?

Richtig ist, dass am Beginn meiner Politisierung – oder auch meiner „Linkswerdung" – die Themen Krieg, Rüstung und Faschismus standen. Und dies durchaus in einer verqueren Art und Weise. Ich bin 1949 in Horb am Neckar, relativ nahe an Stuttgart, geboren, aufgewachsen aber im katholischen Oberschwaben, in der Nähe des Bodensees. Und dies auch in einer durch und durch katholischen Familie, mit einem Vater, der in der Familie cholerisch-autoritär und in politischer Hinsicht chronisch-reaktionär war. Ich war bis Mitte der 1960er Jahre in der Katholischen Jugendbewegung – konkret in der Katholischen Jungmännergemeinschaft (KJG) – aktiv. Nicht unbedingt lamm-fromm, aber doch politisch- fromm. Hier spielte sicher auch der erhebliche Einfluss unseres Großvaters mütterlicherseits eine Rolle. Dieser war in den 1950er Jahren Mitbegründer der CDU in Württemberg, dann CDU-Bundestagsabgeordneter und schließlich CDU-Landwirtschaftsminister in Baden-Württemberg. Der Mann prägte unseren Familien-Clan. Und ich empfand ihn, anders als meinen Vater, als Respektsperson und als jemand, der für ein „Christentum der Nächstenliebe" stand.

Die Haltung in meinem Elternhaus, gepaart mit der Position der Tageszeitung, die wir abonniert hatten und die ich recht früh und wohl auch ziemlich gründlich las – es war die *Schwäbische Zeitung* – engagierte ich mich geistig im Vietnam-Krieg – auf Seiten der USA. In meinem Jugendzimmer hing eine selbst gebastelte, große Landkarte von Vietnam an der Wand. Ungefähr einen Meter hoch und 50 Zentimeter breit. Auf dieser waren markiert, neben den Hauptstädten Saigon im Süden und Hanoi im Norden, die US-amerikanischen Stützpunkte, beispielsweise Da Nang, Pleiku, Khe Sanh, Hue usw. Ich war überzeugt, dass die USA in Indochina einen guten, gerechten Krieg führten, dass es dort irgendwie um die „Verteidigung von Demokratie und Freiheit" gehen würde. Und dann gab es da plötzlich eine Titelseite „meiner" KJG-Zeitschrift „Prisma", auf der ein brennender Mönch abgebildet war – ein buddhistischer Mönch, der sich aus Protest gegen das Regime in Saigon, gegen die Unterdrückung der Religion und – so jedenfalls meine Wahrnehmung damals – auch gegen den Krieg in Brand gesetzt hatte. Wann das genau war – 1963 oder 1964 – das weiß ich nicht mehr genau. Es könnte sich um den Mönch Thích Quảng Đức gehandelt haben.[2] Das Bild hat mich enorm aufgerüttelt. Wobei das eher nur der Eyecatcher war. Entscheidend für meine weitere Entwicklung war, dass es in derselben Ausgabe „unserer" Zeitschrift „Prisma" einen umfassenden Beitrag gab, mit dem die Entwicklung Vietnams seit der Besetzung durch die Japaner, dann durch die Franzosen und danach die Realität des Krieges zum damaligen Zeitpunkt weitgehend der Wahrheit entsprechend wiedergegeben wurde. In dem Heft wurde auch unterstrichen, dass es nach der Niederlage der französischen Kolonialmacht 1954 bei Dien Bien Phu ein Friedensabkommen gab, in dem – auch vom Westen garantiert – freie Wahlen in ganz Vietnam für das Jahr 1956 zugesagt worden waren. Doch die USA und das von den USA unterstützte Regime in Saigon unter Diem brachen dieses Abkommen und verweigerten freie Wahlen, weil klar war, wer sie gewinnen würde: Die Befreiungsfront FNL mit Ho Chi Minh an der Spitze.

Das hat mein Weltbild nicht nur verändert. Es wurde förmlich auf den Kopf gestellt. Die Karte in meinem Zimmer konnte bleiben – nur dass ich ab diesem Zeitpunkt gewissermaßen gemeinsam mit dem Vietcong die US-Truppen „bekämpfte" und mich für die „nationale Einheit" Vietnams, für Demokratie und ganz vage wohl auch für Sozialismus – wovon ich aber keine konkretere Vorstellung hatte – einsetzte.

Das war aber zunächst eine Politisierung, die ihre Bezugspunkte fern von Deutschland hatte. Die Bundesrepublik und die damalige EWG empfand ich zu diesem Zeitpunkt noch als positive Bezugspunkte. Innenpolitisch allerdings sympathisierte ich mit der SPD, die ab Ende 1966 erstmals – als Juniorpartner im Rahmen einer Großen Koalition mit der CDU/CSU – Regierungspartei wurde und die damals mit Willy Brandt den Außenminister stellte.

Und dann gab es am 21. April 1967 ein zweites großes Ereignis, das meine Welt ein weiteres Mal auf den Kopf stellte. Und das war der Putsch der Obristen Pattakos und Papadopoulos in Griechenland und die Errichtung einer faschistischen Diktatur in diesem Land. Auch da gab es etwas „ans Herz Gehendes": Mikis Theodorakis, der griechische Sänger und Komponist, wurde damals von den in Athen Herrschenden verhaftet und auf eine KZ-Insel gebracht. Ich hatte mich kurz zuvor für die Musik von Theodorakis begeistert. Ähnlich wie der brennende Mönch wurde das Verbot der Musik von Theodorakis für mich zu einem Symbol. Ich hatte damals bereits meinen Einberufungsbescheid zur Bundeswehr. Doch ich entschied mich zur Wehrdienstverweigerung, und ich begründete meine Kriegsdienstverweigerung explizit politisch – mit Bezugnahme auf den Putsch in Griechenland. Das war damals durchaus gewagt – eine Wehrdienstverweigerung aus „Gewissensgründen" ging eher durch. Eine politische Begründung war höchst kritisch. Ich argumentierte – damals auf Basis eines bei Rowohlt erschienenen Taschenbuchs, dass der Putsch in Griechenland auf Basis eines Nato-Plans mit der Bezeichnung „Prometheus" erfolgt sei. Dass die Nato ihren „Partner" Griechenland trotz der Errichtung einer Diktatur zur Seite stehen würde – und dass die Bundeswehr als Teil der Nato damit an der Seite einer faschistischen Diktatur stünde. Ein Jahr darauf, am 21. August 1968, marschierten dann die sowjetischen Truppen in Prag ein. Die Niederschlagung eines „Sozialismus mit menschlichem Antlitz" machte mir deutlich, dass ich offensichtlich politisch heimatlos war.

Bei dieser umfassenden Kritik an jeder Art von Kriegen und an jeglichem Militarismus blieb es seither – und bei dieser Kombination: Die Kritik an den Kriegen zur Verteidigung des US-Imperiums (Vietnam-Krieg 1965 bis 1974; Irak-Kriege 1990 und 2003ff, Afghanistan-Krieg seit 2001), die Kritik an den Kriegen zur Verteidigung der Interessen der UdSSR (der sowjetische Krieg in Afghanistan 1979–1988), die Kritik an den US-gestützten Militärdiktaturen in Chile (1973- 1990) und in Argentinien (1976–1983), die Kritik an der atomaren Aufrüstung der Nato (1979ff), die Kritik am Nato-Krieg gegen Jugoslawien 1999 und heute die Kritik an der EU-Militarisierung – um diesen antimilitaristischen Bogen grob zu schlagen.

Der Vietnam-Krieg spielte wohl für eine ganze Generation eine wichtige Rolle hinsichtlich der Politisierung und der Weltsicht. Ein großer Teil der westeuropäischen Linken identifizierte sich damals mit dem Vietcong und mit der vietnamesischen Revolution und bald darauf auch mit der chinesischen Revolution und dem Maoismus. War das bei dir auch so?

Nein, gar nicht. Da spielte sicher eine Rolle, dass ich mich bereits 1970 der Gruppe Internationale Marxisten (GIM) angeschlossen hatte, eine Organisation, der gemeinhin das Etikett „Trotzkismus" verpasst wurde. Damit verbunden war u.a. eine Kritik an der fehlenden Demokratie in den Gesellschaftssystemen, die sich entweder an Moskau oder an Peking orientierten. Da gab es sicher auch einige spezifisch-sektiererische Einschläge. Doch die „Grundimpfung" war so falsch nicht. Als ich dann 1994 Mitglied im Bundestag wurde, gab ich zur Charakterisierung meiner Person im Bundestagshandbuch an, ich sei „ein an Rosa Luxemburg orientierter demokratischer Sozialist und ein an Trotzki orientierter Kritiker des Stalinismus". Heute würde ich das wohl anders formulieren; da sehe ich vieles auch bei Trotzki kritisch. Doch als ich jüngst eine umfangreichere Arbeit zur Novemberrevolution schrieb, da fand ich meine damalige, frühe Politisierung und Hinwendung zu Demokratie und Sozialismus doch recht hilfreich.

Dennoch – du hast natürlich recht: Vietnam war das Schlüsselerlebnis. Bei mir in dreierlei Hinsicht: Erstens schärfte dieses Ereignis auch meine Kritik an der SPD. Willy Brandt – vor dessen Ostpolitik, so dem Kniefall in Warschau, ich großen Respekt hatte – war ja nach seiner Zeit als BRD-Außenminister 1969 bis 1973 deutscher Bundeskanzler. Das war die Zeit des Höhepunktes der Anti-Vietnam-Demonstrationen. Anders als der österreichische Bundeskanzler Bruno Kreisky [3] hat Willy Brandt sich öffentlich nie von diesem US-Krieg distanziert. Zweitens war ich damals als Mitglied des Vietnam-Komitees West-Berlin erstmals daran beteiligt, eine Massendemonstration vorzubereiten und durchzuführen, die mit Flugblättern, Plakaten und einer eigens herausgegebenen „VZ" = „Vietnam-Zeitung"[4] versuchte, in die breite Bevölkerung hineinzuwirken – teilweise mit Erfolg. Drittens traf ich damals mehrmals mit Rudi Dutschke zusammen, dem ehemals führenden Kopf des SDS. Dutschke war 1968 bei einem Attentat schwer verletzt worden. Er lebte seither zunächst in England und dann überwiegend in Dänemark. Er war mit führenden Leuten meiner internationalen Organisation, der IV. Internationale, so mit Ernest Mandel und mit Tariq Ali, befreundet. Man kannte sich seit dem großen Vietnam-Kongress vom Februar 1968, der in Westberlin stattgefunden hatte. Dutschke als Person – seine Reden und seine Rhetorik – haben mich sehr beeindruckt; seine politischen Überzeugungen und Ansichten teilte ich weitgehend. Damit war gleichzeitig eine interessante Korrektur meiner „trotzkistischen" Grundpositionen verbunden. Das erwies sich später als hilfreich, als ich auch innerhalb meiner Organisation – und gegen die dort vertretene Mehrheitsposition – den sowjetischen Einmarsch in Afghanistan kritisierte.

Aufgefallen sind mir deine Antikriegsaktivitäten durch die „Zeitung gegen den Krieg (ZgK)", an deren Verbreitung in Österreich ich mich zeitweilig beteiligen konnte. Wie kam es zu diesem Zeitungsprojekt, und hat sich diese Art Friedensarbeit mit einer Zeitung bewährt?

Zunächst einmal ist das eben das Feld, auf dem ich ein gewisses Talent habe: Ich bin leidenschaftlicher Schreiberling: Journalist und Sachbuchautor. Und ich vertraue darauf, dass man mit dem geschriebenen Wort und dessen Verbreitung einen gewissen Einfluss erzielen kann – durch Flugblätter, Bücher und vor allem mit einfachen Zeitungen, die für einen spezifischen Zweck gemacht sind. So habe ich viele Jahre lang eine spezifische 1.Mai-Zeitung mit dem Namen „BLIND" gemacht (und dabei Elemente des Boulevardblattes „Bild" kopiert). Mehrere Jahre lang machte ich zusammen mit

Kollegen im Betrieb eine Betriebszeitung für Ford in Köln. Als 2014/15 die Lokführer streikten, gründete ich eine ziemlich erfolgreiche „STREIKZEITUNG". Und auf dem Höhepunkt der Griechenland-Krise 2015 gründete ich mit „FaktenCheck:HELLAS" ein Blatt, mit dem wir der Griechenlandsolidarität eine ziemlich gut zu vernehmende Stimme verschufen.[5]

Eine erste Antikriegszeitung gründete ich 1990 während des Irak-Krieges der USA. Der Titel war „desert! Antikriegszeitung". Von diesem Blatt erschienen fünf Ausgaben. Im Kosovokrieg gründete ich dann die von dir erwähnte „Zeitung gegen den Krieg – ZgK". Diese hatte bei den ersten drei Ausgaben Auflagen von mehr als 200.000 Exemplaren. Es gibt sie bis heute. Zum Ostermarsch 2019 wird Ausgabe 44 erscheinen.

Wie kam es zu dieser „Zeitung gegen den Krieg" und wie ist die erstaunlich hohe Auflage zu erklären?

Ich war in den Jahren 1994 bis 2002 Bundestagsabgeordneter der PDS, damals erstaunlicherweise gewählt im Westen, in Baden-Württemberg. Erstaunlich, weil die PDS damals zu 85 Prozent eine Partei war, die auf dem Gebiet der ehemaligen DDR ihre Basis hatte. Der Nato-Krieg gegen Jugoslawien begann am 24. März 1999. Ich empfand diesen Krieg als empörend – einmal weil zum ersten Mal seit Ende des Zweiten Weltkriegs deutsche Soldaten – mit Tornado-Kampfbombern – daran teilnahmen. Und dann, weil er von einer deutschen Regierung mit einem SPD-Kanzler – Gerhard Schröder – und einem Grünen-Außenminister – Joseph („Joschka") Fischer mitgetragen wurde. Ich schlug der PDS-Bundestagsgruppe vor, eine solche Antikriegszeitung zu machen. Das wurde genehmigt. Hilfreich war dabei, dass viele Bundestagsabgeordnete nicht anwesend waren – es war die Zeit der Osterferien; mit einer mehrwöchigen Sitzungspause. Die Zeitung wurde mit Geldern aus dem Geldtopf der Bundestagsgruppe finanziert. Sie konnte also zunächst gratis bezogen werden. Das half natürlich dabei, dass diese Zeitung vom Start an einen Massenabsatz fand. Mit der Nummer 3, die noch Ende April erschien – die Zeitung erschien also tatsächlich im Wochenrhythmus –, lag die vertriebene Auflage bei über 250.000 Exemplaren. Dann gab es – direkt nach der Sitzungspause – zwei denkwürdige Bundestagsdebatten über den Krieg und über unsere Antikriegsaktivitäten. Am 15. April erklärte der Fraktionsvorsitzende Peter Struck in der Plenardebatte: „Ich möchte darauf hinweisen, dass hier eine Zeitung vorliegt, herausgegeben von der PDS im Deutschen Bundestag, in der der Bundesminister für Verteidigung, Herr Kollege Rudolf Scharping, als ´Kriegsminister´ diskreditiert wird. Ich weise diese Unerhörtheit deutlich zurück." Wenige Tage später, am 20. April 1999, sagte eben dieser Kriegsminister Scharping im Bundestag: Es sei ihm zwar „scheißegal", wie die PDS ihn bezeichne, es sei jedoch ein Skandal, dass die PDS „mit Steuermitteln" diese Zeitung gegen den Krieg herausbringen könne.

Wenige Tage später beschloss die Mehrheit der PDS-Bundestagsgruppe, unter ihnen Gregor Gysi, jede Unterstützung für die „Zeitung gegen den Krieg" einzustellen. Begründet wurde dies mit den „zu hohen Kosten". Zehn Tage später erschien bereits Nr. 4 der „Zeitung gegen den Krieg". Im Impressum hieß es nun: „Herausgegeben von Dr. Winfried Wolf, MdB, und der Inforationsstelle Militarisierung (IMI) e.V., Tübingen." Als Mitherausgeber wurden 14 PDS-Bundestagsabgeordnete genannt. Ich hatte erreicht, dass fast die Hälfte der PDS-Bundestagsgruppe sich als Mitherausgeberinnen und Mitherausgeber zur Verfügung stellte. Nun war der Bezug der ZgK allerdings kostenpflichtig – damals mit 15 Pfennigen je Exemplar Die Auflagen lagen nun je Ausgabe und bis Kriegsende im Juni bei immer noch bei stolzen 40.000 bis 50.000 Exemplaren. Aber natürlich hätten wir viele weitere Hunderttausende Exemplare vertreiben können, wenn die PDS als Ganzes das mitgetragen hätte. Am Jahresende hatte die PDS sogar ein Guthaben bei dem, was ihr an Bundestagsgeldern zustand; sie konnte 1999 nicht alles ausgeben. An Geld lag es echt nicht.

Von da an und bis zum Ende der Legislaturperiode erschien die „Zeitung gegen den Krieg" mit dieser Herausgeberschaft. Nach meinem Ausscheiden aus dem Bundestag konnte ich die Zeitung weiter herausgeben, immer überwiegend auf mich allein gestellt, allerdings gleichzeitig in wechselnder Zusammenarbeit mit Friedensgruppen und -verbänden.[6] Das Antikriegsblatt hat inzwischen eine recht stabile, vertriebene (also bezahlte) Auflage in Höhe von 20.000 bis 25.000 Exemplaren. Da ich seit 2005 keiner politischen Organisation mehr angehöre und da ich in all meinen politischen Aktivitäten weitgehend als Privatperson agiere, ist es nicht selbstverständlich, dass die *Zeitung gegen den Krieg* bis heute weiter erscheinen konnte.

Du sagst, du gehörst keiner politischen Partei – und damit der LINKEN heute nicht an. Nun war die PDS und ist die Partei DIE LINKE doch sicher eine Antikriegspartei.

Ja, das war sie im Großen und Ganzen. Und das ist sie auch heute. Weitgehend. Bereits der Umgang mit der „Zeitung gegen den Krieg" 1999 zeigte da jedoch gewisse Grenzen auf. Und 2002 kam es dann zu einem Vorgang, der noch mehr blamabel war. Am 23. Mai 2002 sprach der damalige US-Präsident George W. Bush im Deutschen Bundestag. Im Vorfeld hatten vor allem meine MdB-Kollegin und Freundin Ulla Jelpke und ich versucht, die PDS-Fraktion für eine gemeinsame Aktion gegen den US-Präsidenten zu gewinnen. Das war auch deswegen delikat, weil damals in der Hauptstadt Berlin die PDS als Juniorpartner mit der SPD regierte. Gregor Gysi war zuvor aus dem Bundestag ausgeschieden und Wirtschaftssenator in dieser Landesregierung geworden. Die PDS-Fraktion im Bundestag hat damals eine von uns beantragte kollektive und sichtbare Aktion gegen Bush abgelehnt. Und es kam noch schlimmer: Der Senat in Berlin verbot den drei PDS-Senatorinnen und Senatoren, sich an einer Demo gegen den Bush-Besuch in Berlin zu beteiligen. Das wurde akzeptiert. Gysi theoretisierte diesen Verzicht auf einen Antikriegsprotest explizit.[7]

Daraufhin organisierten die drei Bundestagsabgeordneten Ulla Jelpke, Heidi Lippman und ich während der Bush-Rede eine Protestaktion in eigener Regie: Als der US-Präsident nach rund zehn Minuten seiner Rede vor dem Bundestag von der Achse des Bösen und in kaum verhüllter Weise davon sprach, dass die USA einen neuen Krieg gegen den Irak führen würden – das war ja die Zeit, in der es bereits einen Aufmarsch der US-Truppen am Golf gab – erhoben wir uns und hielten ein 10 Meter breites und 50 cm hohes, von Heidi Lippmann in den Saal eingeschmuggeltes Transparent hoch mit der handgeschriebenen Forderung: „Mr. Bush, Mr. Schröder – Stop your wars". Bush musste seine Rede unterbrechen. Unser Transparent wurde durch als Saalordner verkleidete Geheimdienstleute niedergerissen. Wir drei verließen den Plenarsaal unter Protest. Diese Szene ging durch alle Medien. „Bild" titelte auf Seite 1: „Pfui – PDS-Pöbler".

Es gab danach viel Unterstützung für unsere Aktion aus der Bevölkerung, von der Friedensbewegung und von der Basis der PDS. Doch keine aus der Führung der PDS. Im Gegenteil: Der damalige

Fraktionsvorsitzender der PDS im Bundestag, Roland Claus, entschuldigte sich bei dem Bankett, das der Bundeskanzler, die Vorsitzenden der Fraktionen und Mitglieder der Bundesregierung direkt im Anschluss an die Bush-Rede oben in der Kuppel des Reichstag veranstalteten, beim US-Präsidenten ausdrücklich für unsere Protest-Aktion. Bush soll ihm peinlicherweise geantwortet haben: „That's no problem. That's democracy".

Ich habe dann im Bundestagswahlkampf, den es im September des gleichen Jahres gab, ein Wahlkampfplakat drucken lassen, auf dem die Protestaktion im Bundestag abgebildet wurde. Doch „meine" Partei weigerte sich, die Kosten für ein solches Plakat zu tragen.

Es geht da also schon um mehr als um ein paar Ausreißer im Rahmen einer ansonsten tadellosen Antikriegshaltung. Es geht schlicht darum, dass diese Leute dann, wenn es um das eigene berufliche Fortkommen und um höhere Weihen und um gut dotierte Posten geht, ihre Antikriegshaltung aufweichen, in Frage stellen lassen und ab und an auch aufgeben. Ich bezweifle, dass das heute anders ist. Der von der Partei DIE LINKE bestellte Ministerpräsident des Bundeslandes Thüringen macht beispielsweise eine Flüchtlingspolitik, die sich nicht wesentlich von derjenigen von CDU-geführten Bundesländern unterscheidet.

Außer in Form von Zeitungen waren Krieg und Frieden auch Thema in deinen Büchern.

Ja, das Thema „Krieg und Frieden" ist bis heute eines der drei großen Themen bei meinen Publikationen. Die anderen beiden sind „Weltwirtschaft und Globalisierung" und „Kritik der Autogesellschaft und Notwendigkeit einer Verkehrswende". Grundsätzlich finde ich, dass man bei einer Analyse der kapitalistischen Produktionsweise gar nicht daran vorbei kommt, Rüstung und Kriege einzubeziehen. Und auch die Verkehrspolitik im Allgemeinen und die Autogesellschaft im Besonderen haben viel mit Militarisierung zu tun; nicht umsonst waren die Förderer der massenhaften Verbreitung von Autos Faschisten (B. Mussolini, A. Hitler) oder sie hingen der faschistischen Ideologie an (Henry Ford). So gut wie alle großen Autokonzerne waren in den großen Kriegen Rüstungskonzerne.

Ich verfasste ein halbes Dutzend Bücher ausschließlich zum Thema Krieg und Frieden. 1989 erschien „Händler des Todes. Bundesdeutsche Rüstungs- und Giftgasexporte im Golfkrieg und nach Libyen" – da spielte der verhängnisvolle Bau einer Giftgasfabrik in Libyen, an dem deutsche Unternehmen, darunter der Staatskonzern Salzgitter, und deutsche Dienste in den 1980er Jahren maßgeblich beteiligt waren, eine wichtige Rolle. 1987 erschien „Auto-Krieg. Konzerne rüsten für die Zukunft": in diesem Buch geht es um den Zusammenhang von sogenannter friedlicher Produktion und der Rüstungsproduktion derselben Konzerne – hier der großen Autokonzerne. 1999 veröffentlichte ich „Bombengeschäfte. Zur politischen Ökonomie des Kosovo-Krieges". 2001 und 2003 publizierte ich „Afghanistan. Der Krieg und die neue Weltordnung" und zwei Jahre später das Buch „Sturzflug in die Krise. Die Weltwirtschaft. Das Öl. Der Krieg". 2017 war ich schließlich Ko-Autor bei dem (im Hauptteil von Klaus Gietinger verfassten) Buch „Der Seelentröster. Wie Christopher Clark die Deutschen von der Schuld am Ersten Weltkrieg erlöst".[8]

Siehst du einen Zusammenhang zwischen Kapitalismus, Rüstung und Kriegen?

Diesen Zusammenhang gibt es leider. Ich würde noch weiter gehen und sagen: Heute ist der wesentliche Motor für das Entstehen von Kriegen die im Kapital bereits angelegte Tendenz zu Konkurrenz und Expansion. In Zeiten, in denen die Kapitalverwertung im produktiven Bereich unter anderem durch eine zurückbleibende Massennachfrage (die wiederum Resultat der „Sparpolitik" ist) erschwert ist, wird versucht, hochprofitable Kapitalanlagen in Sektoren zu finden, in denen der Staat den Konzernen gewissermaßen einen Roten Teppich auslegt. Das können fragwürdige Großprojekte sein – wie bei uns „Stuttgart 21", wie in Italien der Tunnel im Val di Susa oder wie in Österreich der Brennerbasis-Tunnel und der Koralm-Tunnel.

Und das ist immer wieder vor allem die Rüstungsproduktion. Rosa Luxemburg machte in einem Vergleich zwischen „normaler" kapitalistischer Produktion und Rüstungsproduktion deutlich, wie vorteilhaft die Kriegswirtschaft aus Sicht der Rüstungskapitaleigner ist. Sie schrieb: Bei der Rüstungsproduktion „tritt an die Stelle einer großen Anzahl kleiner, zersplitterter und zeitlich auseinanderfallender Warennachfrage ( ) eine zur großen, einheitlichen, kompakten Potenz zusammengefasste Nachfrage des Staates." Diese werde „außerdem der Willkür, den subjektiven Schwankungen der Konsumtion entrückt und mit einer fast automatischen Regelmäßigkeit, mit einem rhythmischen Wachstum begabt."[8]

Vergleichbares erleben wir heute wieder. Anders als im Kalten Krieg und anders als zur Zeit des Vietnam-Krieges gibt es heute ja keine Konflikterde, wo der Kapitalismus ernsthaft oder gar existenziell herausgefordert werden würde. Größere nichtkapitalistische Gesellschaften existieren seit dem Kollaps der UdSSR nicht mehr. Es gibt aus Sicht der mächtigen westlichen Länder keine relevante kriegerische Auseinandersetzung. Dennoch steigen seit einigen Jahren die Rüstungsausgaben erneut. Die NATO-Mitgliedstaaten, darunter Deutschland, haben sich verpflichtet, ihre Rüstungsausgaben schrittweise so anzuheben, bis sie 2 Prozent des Bruttoinlandsprodukts entsprechen. In der BRD würde dies auf eine Verdopplung der Rüstungsausgaben hinauslaufen. Im Dezember 2017 verpflichteten sich 23 EU-Mitgliedstaaten, darunter Deutschland und Österreich, sich zu einem spezifischen Militärbündnis innerhalb der EU mit der Bezeichnung PESCO zusammenzuschließen. Das war nicht verpflichtend – Dänemark und Malta blieben explizit außen vor. Ziel dieses Bündnisses ist es, die Rüstungsausgaben dieser Länder von Jahr zu Jahr zu steigern und die EU zu einer Militärmacht auszubauen. Und der erste, entscheidende Schritt der US-Regierung unter Donald Trump war die signifikante Erhöhung der US-amerikanischen Rüstungsausgaben.

Das heißt, der relative Optimismus, von dem ich eingangs sprach, ist eher nicht berechtigt?

Nein, leider nicht. Wir müssen davon ausgehen, dass die Situation wieder derjenigen ähnelt, wie wir eine solche vor dem Ersten Weltkrieg hatten: Ein weltweit herrschender Kapitalismus, aufgespalten in Nationalstaaten und große Blöcke. Wachsende Krisentendenzen und beginnende Handelskriege. Bereits vor diesem Hintergrund gibt es viel Flucht in Großprojekte und Rüstung. Es gibt einen niedergehenden US-amerikanischen Kapitalismus, der aber militärisch noch absolut dominant ist. Und dann existiert da diese aufsteigende Wirtschaftsmacht China, die bereits bei den Exporten vorne liegt und deren Binnenmarkt für die westlichen großen Konzerne der wichtigste weltweit überhaupt ist. Bereits die letzten Jahre zeigten, dass das auf ein neues Wettrüsten hinausläuft – und auf einen drohenden Krieg zwischen den USA und China. Wobei eine nicht unwichtige Rolle dabei spielt, auf welcher Seite hier die Atommacht Russland stehen wird.

Wenn in dieser Situation viele Grüne und einige Linke auf eine erstarkende EU, also einschließlich auf eine Militarisierung der EU bzw. auf den Aufbau einer EU-Militärmacht setzen, dann ist das fatal. Ich sage dazu immer: Wenn es auf der Welt eine Gangsterbande gibt, die den Rest der Welt unterdrückt, dann ist das höchst unangenehm. Wenn es dann zwei solche Gangsterbanden gibt, die um die Welthegemonie streiten, dann wird es noch ungemütlicher. Wenn es am Ende gar drei solche kapitale Mafiagruppen geben sollte, die sich einen Bandenkrieg um die Vorherrschaft auf der Welt leisten, dann ist es erst recht höchst unwirtlich. Es ist absolut naiv und brandgefährlich, als Linke zu glauben, man könne sich da „taktisch" auf eine der Seiten stellen. Zumal es ja längst nicht mehr um die Gefahr großer konventioneller Kriege, sondern um die Gefahr eines Atomkriegs geht.

Nein – wir müssen ganz grundsätzlich jede Art Militarisierung, jeden Rüstungsexport und auch jede Rüstungsproduktion strikt ablehnen. Wir müssen ohne Abstriche für umfassenden Frieden und für gewaltfreie Prozesse der Konfliktlösung eintreten. Und wir müssen erkennen, dass es letzten Endes eine friedliche Welt nur geben wird, wenn es keine kapitalistische Gesellschaft, wenn es eine solidarische neue Gesellschaft geben wird. Damit hängen für mich die Antikriegsarbeit und das Engagement für diese neue solidarische Gesellschaft unauflösbar zusammen.

Anmerkungen:

[1] Der deutsche Rüstungskonzern Rheinmetall verfügt über eine italienische Tochterfirma namens RWM Italia S.p.A. mit einem Werk in Domusnovas im Süden Sardiniens. RWM steht für „Rheinmetall Waffen Munition GmbH". Rheinmetall nutzt auf Sardinien militärisches Sperrgebiet, so dasjenige im Südwesten der Insel um das Capo Frasca herum, um Bomben zu testen. Die Gegend um das Capo Frasca gilt als hochgradig kontaminiert. Rheinmetall fertigt im sardischen Werk u.a. Bomben vom Typ MK82 und MK84, die laut Rheinmetall-Eigenwerbung „perfekt (sind)

für Situationen, die höchste Druck- und Explosivkraft erfordern" und die „Zerstörung, Tod und Verletzungen durch Druck- und Streueffekte hervorrufen". Im Mai 2015 deckte der investigative irische Journalist Malachy Browne vom Internetportal *reported.ly* auf, wie deutsche Bomben, gefertigt in Sardinien, den Weg in den Jemen finden. Die Rheinmetall-Tochter RWM exportiert seit einigen Jahren in großem Umfang die entscheidenden Bestandteile der MK82- und MK84-Bomben an ein Unternehmen namens *Burkan Munition Systems* in Abu Dhabi. Die VAR-Rüstungsfirma gilt als „technology partner" des deutschen Rüstungskonzerns. Bei Burkan Munition Systems werden die Bomben zusammengesetzt und mit Explosivstoff gefüllt. Die „gebrauchsfertigen" Bomben werden dann von Burkan an das VAR-Militär übergeben, das im Jemen-Krieg Teil der Kriegsallianz ist. Ausführlich bei: Winfried Wolf, In Kassel konstruiert – in Sardinien produziert – im Jemen explodiert", in: Lunapark21, Heft 36, Winter2016/2017.

[2] Thích Quảng Đức war ein vietnamesischer Mönch, der sich am 11. Juni 1963 in Saigon selbst anzündete, um in erster Linie gegen die Unterdrückung der buddhistischen Bevölkerungsmehrheit in Vietnam zu protestieren. Damals herrschte in Vietnam der streng katholisch orientierte Diktator Ngo Dinh Diem. Nach seiner Machtergreifung 1954 siedelten etwa eine Million meist römisch-katholische Nordvietnamesen nach Südvietnam um, unterstützt durch Schiffe der USA-Marine. 90 % der Südvietnamesen waren Buddhisten.Diem bevorzugte jedoch Katholiken aus dem Norden bei der Postenvergabe für Staatsämter und behandelte den Buddhismus nicht als Religion, sondern als Verein. Im November 1963 wurde Diem von Militärs gestürzt. Der Putsch wurde von den USA gebilligt; er fand in der Zeit der Präsidentschaft von John F. Kennedy statt.

[3] Am 1. Dezember 1972 erkannte die von Bruno Kreiskys angeführte österreichische Regierung offiziell die Demokratische Republik Vietnam („Nordvietnam") an. Das Land unterstützte die Befreiungsbewegung FNL („Vietcong") im Süden und wurde gerade zu diesem Zeitpunkt durch US-Luftstreitkräfte massiv bombardiert. Vor Wien hatte kein anderer westlicher Staat mit Nordvietnam oder mit der Befreiungsfront im Süden (der FNL [Front National de Libération] oder NLF [National Liberation Front], den kommunistischen Vietcong), diplomatische Beziehungen aufgenommen.

[4] Das „VZ" orientierte sich im Design an der „BZ", der damals in Westberlin wichtigsten Boulevard-Zeitung, die, wie „Bild", vom Springer-Konzern herausgegeben wurde und den Vietnam-Krieg der US-Regierung vorbehaltlos unterstützte.

[5] FaktenCheck:HELLAS [FCH] erschien zwischen April und Oktober 2015 mit fünf Ausgaben und mit einer addierten Auflage von 350.000 Exemplaren. FCH erschien in bis zu fünf Übersetzungen. Eine griechische Ausgabe erschien zeitweilig als Beilage in der griechischen Tageszeitung „EFSYN"(„Zeitung der Redakteure"). FCH ging Ende 2015 in das Blatt Fak-

tenCheck:EUROPA [FCE] über. FCE erscheint bis heute (allerdings mit meist nur einer Ausgabe im Jahr).
[6] Fast ein Jahrzehnt lang erschien die ZgK in enger und sehr produktiver Kooperation mit Monty Schädel, dem politischen Geschäftsführer der Deutschen Friedensgesellschaft – Verband der Kriegsdienstgegner (DFG/VK). Diese Kooperation musste seitens M. Schädel 2015 aus gesundheitlichen Gründen aufgegeben werden.
[7] In einem Interview mit der Tageszeitung „Neues Deutschland" sagte im Mai 2002 der damalige Wirtschaftssenator Gregor Gysi: „Wenn man Leute in eine bestimmte Verantwortung schickt, weiß man, dass sie von bestimmten Dingen zu bestimmten Zeiten ausgeschlossen sind." Es sei richtig, als Senator nicht an den Protestaktionen während des Bush-Besuchs teilzunehmen, aber deren friedenspolitische Ziele „klar und öffentlich zu unterstützen." Hier zitiert nach Frankfurter Allgemeine Zeitung vom 20. Mai 2002; siehe: https://www.faz.net/aktuell/politik/bush-besuch-streit-um-protestaktionen-verschaerft-sich-161183.html
[8] Das Buch „Der Seelentröster" erschien im November 2018 auch in serbischer Sprache. Das Buch „Seelentröster" erschien 2017 bei Schmetterling, Stuttgart. Das Buch zu den Giftgas-Exporten bei ISP, Frankfurt/Köln; alle anderen genannten Bücher erschienen im Verlag Konkret Literatur, Hamburg.
[9] Rosa Luxemburg, Die Akkumulation des Kapitals, Berlin 1913 (Reprint 1969), S. 442.

Jüngste Veröffentlichungen von Winfried Wolf:

„abgrundtief + bodenlos. Stuttgart 21, sein absehbares Scheitern und die Kultur des Widerstands" (Köln 2018)

„Mit dem Elektroauto in die Sackgasse. Warum E-Mobilität den Klimawandel beschleunigt" (Promedia, Wien, März 2019)

Das Interview führte Elke Renner.

Erika Wittlinger-Strutynski, Franz Ritter (Hrsg.)
Die Welt verändern, ... nicht nur interpretieren.
Gesammelte Aufsätze
Jenior Verlag Kassel 2017, 340 Seiten

Die Sammlung enthält 31 Aufsätze aus der Fülle von Publikationen, die Peter Strutynski im Zeitraum von 1993 bis 2014 veröffentlicht hat.

Schwerpunkte dieser Arbeiten sind: Entwicklungstendenzen der kapitalistischen Ökonomie am Ende des 20. Jahrhunderts, wesentliche Grundfragen der Geschichte der Arbeiterbewegung und der marxistischen Gesellschaftsanalyse, Analysen der Außen- bzw. „Sicherheitspolitik" der Bundesrepublik Deutschland und ihrer NATO-Verbündeten und Partner seit dem Krieg gegen Jugoslawien 1999 und Positionsbestimmungen der Friedensbewegung im selben Zeitraum. In diesem „Lesebuch" zur politischen Geschichte der letzten 25 Jahre erschließen sich wesentliche Einblicke ins gesamte Jahrhundert und helfen uns die Macht der mainstream-konformen Politikerklärungen und deren medienwirksame Präsentation zu hinterfragen. Die Sammlung der Aufsätze leistet einen Beitrag dazu, dass die Sicht der Herrschenden und deren Bestreben, unliebsame Tatbestände zu vertuschen, verhindert wird.

Peter Strutynski (1945 – 2015) studierte Politische Wissenschaft, Germanistik und Geschichte und arbeitete als wissenschaftlicher Mitarbeiter und Lehrbeauftragter an der Universität Kassel. Ab den 1990er Jahren verlegte er den wissenschaftlichen Schwerpunkt von Arbeitspolitik auf die Friedensforschung. 1981 war er Mitbegründer des Kassler Friedensforums, dem ab 1994 die jährlich abgehaltenen „Friedenspolitischen Ratschläge" an der Universität Kassel folgten, Veranstaltungen, in denen auch viele österreichische Friedensbewegte ihre Orientierung fanden, sowohl durch fundierte wissenschaftliche Referate und Publikationen als auch durch jeweils aktuelle öffentliche Aktionen und Appelle.

Peter Strutynski fühlte sich stets der marxistischen Auffassung verpflichtet, die wissenschaftliche Sorgfalt mit politischem Handeln zu verbinden. Diese marxistische Wissenschaftlichkeit ist als Grundlage für Friedensforschung auch weiterhin dringend gefordert. Vor 20 Jahren publizierte Strutynski z.B. seinen Aufsatz „Vordenker der Globalisierung – 150 Jahre Kommunistisches Manifest", auch heute und in künftigen Jubiläen ist das ein unverzichtbarer Text.

Das schulheft dankt Peter Strutynskis Frau Erika Wittlinger-Strutynski und Franz Ritter für die Auswahl dieser Aufsätze, sie bedeutet einen wertvollen Beitrag gegen mainstreamige Manipulation und ermahnt zu politischer Wissenschaftlichkeit und solidarischer Haltung.

Elke Renner

Thomas Roithner

Sicherheit, Supermacht und Schießgewähr
Krieg und Frieden am Globus, in Europa und Österreich.
148 Seiten, Wien 2018

Der Globus wird gleichzeitig amerikanisiert, europäisiert und sinisiert. Außenpolitik scheint sich – hüben wie drüben – zu versicherheitlichen. Militärmacht und Wirtschaftsmacht sind mehr denn je kommunizierende Gefäße. Vom globalen Handel, Ressourcensicherung über Flüchtlinge bis zur Verbrecherjagd im Internet erhält die Armee mehr Befugnisse, mehr Geld und mehr Muskeln.

Die EU wirft zur Sicherung ihrer Interessen einen Rüstungsfonds, ein militärisches Kerneuropa samt Budgetaufstockung, Rüstungsexporte und globale Militäreinsätze in die Waagschale. Für die Öffentlichkeit mutiert diese Rüstung nahezu unbemerkt zur Verteidigung, und die Mauern schrumpfen zu niedlichen Pollern. Friedensunion sieht anders aus.

Die in „Sicherheit, Supermacht und Schießgewähr" gesammelten journalistischen Beiträge unterbreiten auch friedenspolitische Vorschläge. Wie weiter nach dem Verbotsvertrag für Atomwaffen? Waffen hat die Welt genug. Warum keine zivilen Friedensfachkräfte im neutralen Österreich einführen? Expertise wäre da. Und warum ständig kurzatmig und hilflos hinter Konflikten herhecheln, anstatt mehr Perspektiven für die zivile Krisenprävention? Ja, warum eigentlich nicht?

„Gerade in Zeiten massiver globaler Aufrüstung ist ein solches Buch mehr als nötig"
Wiener Zeitung

„Dem wissenschaftlichen Ethos des Autors entspricht sachliche Korrektheit ebenso wie Hinweise auf konkrete, realisierbare Denk- und Handlungsalternativen. (...) Und Roithner akzentuiert konsequent das neutrale Österreich, dessen Rolle in diesen Zusammenhängen selten so klar umrissen bedacht wird."
Vorarlberger Kirchenblatt

Thomas Roithner

Märkte, Macht und Muskeln
Die Außen-, Sicherheits- und Friedenspolitik Österreichs und der Europäischen Union. 132 Seiten, Wien 2017

Gefordert ist sie wieder, die EU. Nach der britischen Entscheidung zum EU-Austritt und der US-Präsidentenwahl von Donald Trump durchlebt militärisches Denken eine neuerliche Renaissance. Auch im neutralen Österreich werden unterschiedliche Politikbereiche versicherheitlicht. Für das Heer mehr Geld, mehr Muskeln, mehr Kompetenzen und mehr Geheimdienst. Und in jeder Krise ertönt der Ruf von Teilen der militärischen und politischen EU-Eliten nach einer Euro-Armee. Man blinkt in Richtung „sozialere EU", aber biegt in Richtung „Militärmacht" ab. In diesem Band werden auf Basis heutiger globaler Konfliktformationen Eckpfeiler für eine neue europäische Friedensarchitektur eingeschlagen. Welche Vorschläge gibt es auf dem Weg von einer Sicherheitslogik zu einer Friedenslogik? Wo sind neutrale Brückenbauer nötig und wie viel Militär braucht eigentlich der Friede?

Die in „Märkte, Macht und Muskeln" gesammelten journalistischen Beiträge aus der Neuen Zürcher Zeitung Österreich, dem Standard, der Furche, der Fachzeitschrift Militär Aktuell, der Presse sowie der Wiener Zeitung unterbreiten konstruktive außen- und friedenspolitische Vorschläge, die Vertrauensbildung, zivile Krisenprävention, Abrüstung und das völkerrechtlich verankerte Gewaltverbot ins Zentrum stellen, anstatt die internationale Politik weiter zu versicherheitlichen.

„Andere erklären Krieg, Thomas Roithner erklärt Frieden."
Neue Zürcher Zeitung Österreich
„Roithner beschreibt in einer leicht lesbaren und verständlichen Weise aktuelle Entwicklungen und Debatten. Er nimmt dabei eine, dem Militär und der Sicherheitspolitik gegenüber kritische Position ein (…). Genau darin liegt jedoch der Wert des Buches"
Truppendienst

Thomas Roithner

Schöne Götterfunken?
Sicherheitsinteressen, aktive Friedenspolitik, die internationale Unordnung und die militärische Entwicklung der EU. 148 Seiten, Wien 2015

Die Europäische Union kämpft an mehreren Fronten. Buchstäblich und im übertragenen Sinn. Sie steckt in zahlreichen militärischen Auslandseinsätzen, zappelt in der Grätsche zwischen Vermittler und Konfliktpartei in der Ukraine und dekliniert Migrationspolitik im Mittelmeer zunehmend militärischer. Die uneinige Außenpolitik der EU-28 offenbart sich an zahlreichen geostrategischen und damit einhergehend auch geoökonomischen Fragen. Wie soll eine neue EU-Sicherheitsstrategie im Spannungsfeld zwischen globalem Interventionismus und postulierter Friedensmacht aussehen? Wie glaubwürdig ist die atomare Abrüstungspolitik mit zwei Nuklearwaffenstaaten in den eigenen Reihen? Was tun, wenn die BRICS-Staaten als „Gegenmacht" zum Westen enger kooperieren? Wie soll die internationale Ordnung in einigen Dekaden aussehen? Welche Beiträge leistet Österreich und was könnte es leisten?

Die in „Schöne Götterfunken?" gesammelten journalistischen Beiträge der ersten Jahreshälfte 2015 aus nzz.at zeigen Perspektiven sowie konkrete außen- und friedenspolitische Vorschläge auf, die Vertrauensbildung, zivile Krisenprävention und das völkerrechtlich verankerte Gewaltverbot ins Zentrum rücken, statt die internationalen Beziehungen zu militarisieren.

„Roithner argumentiert für den Frieden. Eine Einstellung, gegen die man wenig vorzubringen vermag, selbst wenn man militärisches Eingreifen in Einzelfällen befürwortet."
Neue Zürcher Zeitung Österreich

Nähere Infos zu den Büchern: www.thomasroithner.at

Horst Adam (Hrsg.)

Kritische Pädagogik
Fragen – Versuch von Antworten
Band 4. Rosa-Luxemburg-Stiftung, Berlin 2018

In dem seit Januar 2010 bestehenden Arbeitskreis „Kritische Pädagogik" der Rosa-Luxemburg-Stiftung wurden vierunddreißig wissenschaftliche Tagungen zu relevanten pädagogischen und bildungspolitischen Fragen in der Verbindung von theoretischem Anspruch und praktischen Lösungsansätzen aktueller, kritischer, linker, emanzipatorischer Pädagogik durchgeführt. Sie haben national und international eine hohe Wirksamkeit erreicht.

Wichtige Problem- und Fragestellungen sowie Lösungsansätze wurden zur Diskussion gestellt und in vier Sammelbänden veröffentlicht. Sie waren und sind für linke, emanzipatorische Bildungspolitik, für Forschung und Lehre sowie für die verschiedenen pädagogischen Praxisbereiche eine große Hilfe.

Dazu haben engagierte kritische Pädagogen, Psychologen, Soziologen, Bildungspolitiker mit ihrem Engagement, mit konstruktiven Beiträgen zu diesen Erfolgen beigetragen und sind stets bemüht, ein immer höheres Niveau zu erreichen. Dafür sind die bisher vorgelegten Bände, so auch der Sammelband 4 (Schriftenreihe 21), ein deutlicher Beweis.

Der 4. Band des Arbeitskreises enthält Ergebnisse der Tagungen aus den Jahren 2016 bis 2018. Sie geben wertvolle Anregungen für die theoretische Klärung und stellen selbst einen Beitrag zum wissenschaftlichen Meinungsstreit über pädagogische und bildungspolitische Fragestellungen dar. Ausgehend von einer Gesellschaftskritik werden in den Beiträgen wesentliche Prämissen für die Kritische Pädagogik verdeutlicht, Probleme aufgeworfen, theoretische Zusammenhänge dargestellt und Vorschläge für die Durchsetzung emanzipatorischer, linker Bildungspolitik eingebracht.

Aus dem Inhalt des Bandes:
- Horst Adam, Zum Verhältnis von Theorie und Praxis in der Kritischen Pädagogik

- Michael Kubsda, Kants Aufklärungsbegriff und seine pädagogischen Implikationen
- Simon Kunert, Frühkindliche Bildung – überfälliges Konzept der Förderung früher Bildungsprozesse oder Vereinnahmung kindlicher Subjektentwicklung?
- Carsten Bünger, Mündigkeit – Probleme und Perspektiven eines zentralen Bezugspunkts Kritischer Pädagogik
- Eva Borst, Resilienz – Herausforderungen für eine Kritische Pädagogik
- Franz Prüß, Schule der Zukunft – eine Gemeinschaftsschule
- Marco Steffen, Der Kampf gegen kapitalistische Ausbeutungs- und Herrschaftsstrukturen als pädagogische Aufgabe?

zeitschrift zur kritik der globalen ökonomie
lunapark²¹

„It´s the economy, stupid!"

Der Slogan von Bill Clinton aus dem 1992er Wahlkampf um die US-Präsidentschaft ist weiterhin gültig. Im Kapitalismus zählt allein die Ökonomie. Das gilt für Paradeiser ebenso wie für Ketschup. Für Landgüter ebenso wie für Rüstungsgüter. Für Biohühnereier ebenso wie für Eierhandgranaten. Lunapark21 ist DIE „Zeitschrift zur Kritik der globalen Ökonomie". **Vier Ausgaben im Jahr mit je 64 Seiten.**

Normalabo 4 Hefte/Jahr Österreich (AT) / Deutschland (D) *26 Euro* • **AboPLUS** 4 Hefte/Jahr + 2 Hefte LP21 Extra AT/D *35 Euro* • **Sozialabo** 4 Hefte/Jahr AT/D 16 Euro • **SozialaboPLUS** 6 Hefte + 2 Hefte LP21 Extra AT/D *22 Euro*

Probeheft/Abo

www.lunapark21.net

AutorInnen

Horst Adam: Diplom-Historiker, Ordentlicher Hochschuldozent, Gründer und Leiter des Arbeitskreises „Kritische Pädagogik" der Rosa-Luxemburg-Stiftung, Berlin

Armin Bernhard: Hochschullehrer für Pädagogik an der Universität Duisburg-Essen

Eva Borst: Professorin am Institut für Erziehungswissenschaft der Universität Mainz

Christoph Butterwegge: Univ.-Prof., Leiter der Abteilung für Politikwissenschaft i. R. der Universität zu Köln

Sarah Clasen: Referentin für Frauen- und Gleichstellung beim AWO Bundesverband e.V. Schwerpunkte im Bereich Gewaltschutzarbeit, sexuelle und reproduktive Rechte sowie vielfaltsorientierte Gleichstellungspolitik

Cilja Harders: Professorin für Politikwissenschaft, Leiterin der Arbeitsstelle „Politik im Maghreb, Mashreq und Golf" am Otto-Suhr-Institut der Freien Universität Berlin. Forschungsschwerpunkte im Bereich Transformation von Staatlichkeit zwischen Demokratisierung und Autoritarismus und politischen Dynamiken „von unten", Partizipation und lokale Politik, EuroMediterrane Politik sowie im Bereich Geschlechterforschung.

Elke Renner: AHS-Lehrerin und Lehrbeauftragte für Politische Bildung und Zeitgeschichte i. R.

Thomas Roithner: Friedensforscher und Privatdozent für Politikwissenschaft an der Universität Wien

Manfred Sauer: Österreichische Sektion IPPNW

Conrad Schuhler: Vorsitzender des isw-Institut für sozio-ökologische Wirtschaftsforschung, München

Franz Sölkner: langjähriger Friedensaktivist und Mitarbeiter am Projekt Rüstungsatlas Österreich

Winfried Wolf: Politologe, Chefredakteur von *Lunapark21 – Zeitschrift zur Kritik der globalen Ökonomie*, Mitglied im Wissenschaftlichen Beirat von Attac, wissenschaftliche und publizistische Friedensarbeit

LIEFERBARE TITEL

Nr.	Titel	Preis
95	Lebensfach Musik	€ 10,90
96	Schulentwicklung	€ 10,90
97	Leibeserziehung	€ 12,40
98	Alternative Leistungsbeurteilung	€ 11,60
99	Neue Medien I	€ 11,60
100	Neue Medien II	€ 10,90
101	Friedenskultur	€ 10,90
102	Gesamtschule – 25 Jahre schulheft	€ 10,90
103	Esoterik im Bildungsbereich	€ 10,90
104	Geschlechtergrenzen überschreiten	€ 10,90
105	Die Mühen der Erinnerung Band 1	€ 10,90
106	Die Mühen der Erinnerung Band 2	€ 10,90
107	Mahlzeit? Ernährung	€ 10,90
108	LehrerInnenbildung	€ 11,60
109	Begabung	€ 11,60
110	leben – lesen – erzählen	€ 11,60
111	Auf dem Weg – Kunst- und Kulturvermittlung	€ 11,60
112	Schwarz-blaues Reformsparen	€ 8,70
113	Wa(h)re Bildung	€ 14,00
114	Integration?	€ 14,00
115	Roma und Sinti	€ 14,00
116	Pädagogisierung	€ 14,00
117	Aufrüstung u. Sozialabbau	€ 14,00
118	Kontrollgesellschaft und Schule	€ 14,00
119	Religiöser Fundamentalismus	€ 14,00
120	2005 Revisited	€ 14,00
121	Erinnerungskultur – Mauthausen	€ 14,00
122	Gendermainstreaming	€ 14,00
123	Soziale Ungleichheit	€ 14,00
124	Biologismus – Rassismus	€ 14,00
125	Verfrühpädagogisierung	€ 14,00
126	Leben am Rand	€ 14,00
127	Führe mich sanft Beratung, Coaching & Co.	€ 14,00
128	Technik-weiblich!	€ 14,00
129	Eine andere Erste Republik	€ 14,00
130	Zur Kritik der neuen Lernformen	€ 14,00
131	Alphabetisierung	€ 14,00
132	Sozialarbeit	€ 14,00
133	Privatisierung des österr. Bildungssystems	€ 14,00
134	Emanzipatorische (Volks)Bildungskonzepte	€ 14,00
135	Dazugehören oder nicht?	€ 14,00
136	Bildungsqualität	€ 14,00
137	Bildungspolitik in den Gewerkschaften	€ 14,00
138	Jugendarbeitslosigkeit	€ 14,00
139	Uniland ist abgebrannt	€ 14,00
140	Krisen und Kriege	€ 14,00
141	Methodische Leckerbissen	€ 14,00
142	Bourdieu	€ 14,00
143	Schriftspracherwerb	€ 14,00
144	LehrerInnenbildung	€ 14,00
145	EU und Bildungspolitik	€ 14,00
146	Problem Rechtschreibung	€ 14,00
147	Jugendkultur	€ 14,00
148	Lebenslanges Lernen	€ 14,00
149	Basisbildung	€ 14,50
150	Technische Bildung	€ 14,50
151	Schulsprachen	€ 14,50
152	Bildung und Emanzipation	€ 14,50
153	Politische Bildung	€ 15,00
154	Bildung und Ungleichheit	€ 15,00
155	Elternsprechtag	€ 15,00
156	Weiterbildung?	€ 15,00
157	Bildungsdünkel	€ 15,50
158	Linke Positionen	€ 15,50
159	Bildungsanlass Erster Weltkrieg	€ 15,50
160	Das Ende der Schule	€ 15,50
161	Österreich und der EU-Bildungsraum	€ 16,00
162	Neue Mittelschule	€ 16,00
163	SchulRäume	€ 16,00
164	Demokratie	€ 16,50
165	Strategien für Zwischenräume	€ 16,50
166	Lehrer/innenhandeln wirkt	€ 16,50
167	Widerstand	€ 16,50
168	Bildungschancen FAIRteilen!	€ 16,50
169	Reform des Kindergarten	€ 17,00
170	Praxis des Unterrichtens – Bildungstheoretische Auseinandersetzungen	€ 17,00
171	Lust – die vergessene Dimension der Pädagogik	€.17,00
172	Musikerziehung	€ 17,00

In Vorbereitung

| 174 | Sonderpädagogik | € 17,50 |